6280

AF317539

DES

SUBSTITUTIONS

FIDÉICOMMISSAIRES

EN DROIT ROMAIN ET EN DROIT FRANÇAIS.

THÈSE POUR LE DOCTORAT.

PAR

Charles-Albert DELASTRE

Avocat à la Cour Impériale.

PARIS.

IMPRIMERIE DE MOQUET.

11, RUE DES FOSSÉS-SAINT-JACQUES, 11.

1861

DES
SUBSTITUTIONS
FIDÉICOMMISSAIRES

EN DROIT ROMAIN ET EN DROIT FRANÇAIS.

THÈSE POUR LE DOCTORAT.

L'acte public sur les matières ci-après sera soutenu
le Jeudi 1er Août 1861, à 8 heures 1/2

PAR

Charles-Albert DELASTRE

Avocat à la Cour Impériale

Président . **M. VUATRIN**, Professeur.

SUFFRAGANTS :
MM. **BUGNET**
PELLAT, Doyen
COLMET-DAAGE
VERNET

Professeurs

Agrégé.

Le candidat répondra en outre aux questions qui lui seront faites
sur les autres matières de l'enseignement.

PARIS.

IMPRIMERIE DE MOQUET.

11, RUE DES FOSSÉS-SAINT-JACQUES, 11.

1861

A MON PÈRE.

SUBSTITUTIONS FIDÉICOMMISSAIRES.

Bien que les substitutions fidéicommissaires n'occupent aujourd'hui qu'une bien faible place dans nos lois, et une plus restreinte encore dans nos mœurs, cependant elles ont joué un trop grand rôle dans le passé de notre pays, elles ont subi jusqu'à nos jours trop de fortunes diverses pour ne pas offrir au jurisconsulte un ample et intéressant sujet d'étude.

La naissance de cette institution est contemporaine de l'empire romain; celui-ci la lègue au monde barbare; la féodalité se l'approprie et la développe; nos rois s'efforcent de la régler; la révolution française l'abolit; le Code civil ne la reproduit qu'exceptionnellement, puis des lois politiques

restaurent à peu près le système des anciennes ordonnances; mais ces lois tombent avec les pou-
voirs dont elles émanent, et l'on en revient simplement au Code civil, dont on n'eût dû jamais s'écarter. Tel est le tableau historique que nous allons
rapidement esquisser, nous réservant de mettre en
lumière trois points qui nous ont semblé plus importants; savoir : 1° ce que furent les substitutions
dans le droit romain; 2° ce qu'elles furent sous
l'empire de l'ordonnance de Louis XV, rendue en
1747, sous l'inspiration du chancelier d'Aguesseau ;
3° ce qu'elles sont, enfin, aujourd'hui d'après le
Code civil.

CHAPITRE PREMIER.

SUBSTITUTIONS A ROME.

SECTION Ire.

Notions générales.

Les Romains n'employaient pas le mot de *substitution* dans le même sens que nous. Ils distin-
guaient trois sortes de substitution : la vulgaire, la
pupillaire et la quasi-pupillaire; nous ne nous en

occuperons pas; elles n'ont aucun rapport à notre sujet. Quant aux substitutions fidéicommissaires, c'est à propos et sous le nom de fidéicommis que les jurisconsultes romains en ont parlé. Pour être vrai, il faut dire cependant, que les textes ont employé quelquefois le mot *substitution* dans le sens moderne; nous le trouvons avec cette acception dans trois lois au Digeste, et au Code dans deux constitutions, l'une des empereurs Dioclétien et Maximien, l'autre de Justinien (Dig. loi 57 § 1 et 2, ad SC Trebell. — Loi 87, § 2 *de legatis* 2°. — Loi 83, § 1, *de legatis*, 3°. — Code. Loi 16 *de pactis*. — Loi 3, § 2 et 3 *communia de legatis*.) Quoi qu'il en soit, il est bien certain que cette acception du mot *substitutio* n'avait pas passé dans la langue du droit romain. La loi 76 *ad sc. trebellianum* nous en fournit une preuve manifeste. Un testateur avait par un codicile *substitué* son hérédité. D'après la rigueur du droit, décide le texte, une telle disposition serait inutile, puisque, par un codicile on ne peut disposer de l'hérédité; mais, ajoute le jurisconsulte : «Tamen be-
« nigna interpretatione placet ut mater quæ ab in-
« testato pupillo successit, substitutis fideicommisso
« obligetur. » Ainsi c'est *benigna interpretatione*, en forçant le sens naturel du mot *substituo*, qu'on arrive à lui donner celui que nous lui attacherions aujourd'hui. Quant à nous. nous nous servirons des

termes français pour éviter la répétition des périphrases employées dans les textes romains.

Ce n'est que fort tard que les substitutions se rencontrent à Rome; en effet, elles dérivent des fidéicommis, qui eux-mêmes sont contemporains de la fin de la république. On sait quel était le formalisme du droit quiritaire; on sait comment les effets des testaments et des legs étaient subordonnés à l'emploi de formules solennelles, de quelles rigoureuses incapacités enfin étaient frappés certaines personnes, comme le *peregrini*, les femmes par la loi *Voconia*, les posthumes externes, les personnes incertaines, etc. Il en fut ajouté plus tard de nouvelles par les lois *Ælia Sentia* et *Junia Norbana* sur l'affranchissement des esclaves, et par les lois *Junia et Pappia Poppea*, qui, pour remettre en vigueur le mariage déserté, frappaient de certaines déchéances le célibataire et l'homme sans enfants. Ce fut pour éluder ces formes sévères, ces rigoureuses dispositions que furent imaginés les fidéicommis, sorte de prière que le testateur adressait à son héritier testamentaire ou *ab intestat*, de restituer à un tiers soit l'hérédité toute entière, soit une quote-part de l'hérédité, soit un objet particulier.

Dans le principe, cette disposition n'enchaînait en rien l'héritier; elle était seulement confiée à sa bonne foi, *fideicommissa*, et il restait libre de l'exécuter ou de ne l'exécuter point. Il est certain, cependant, que, dès l'époque de Cicéron, l'usage du fidéicommis était entré dans les habitudes romaines, et que la conscience publique réprouvait hautement l'héritier qui, refusant de l'exécuter, s'appropriait des biens que le testateur ne lui avait pas destinés.

Auguste, par déférence pour l'opinion nous dit Justinien, « quia et populare erat », ordonna aux consuls, dans quelques cas particuliers, d'user de leur autorité pour faire respecter la volonté des mourants. Plus tard, un préteur spécial fut institué pour connaître de ces sortes d'affaires ; mais, comme les fidéicommis n'engendraient encore aucun lien de droit civil, les contestations auxquelles ils donnaient naissance n'étaient pas jugées dans les règles de la procédure formulaire, mais étaient tranchées *extra ordinem* par le préteur remplissant à la fois l'office de magistrat et de juge.

Le fidéicommis, bien qu'il contînt deux institutions, l'une en faveur du fiduciaire chargé de rendre, l'autre en faveur du fidéicommissaire appelé au bénéfice de la disposition, n'était pas encore la substitution. Le fiduciaire est, en effet, tenu de restituer immédiatement les biens ; ce n'est pas lui que le grevé a eu l'intention de gratifier. Il y a tout lieu de croire que ce n'est qu'après que les fidéicommis eurent reçu sous les Flaviens leurs règles complètes qu'apparurent les substitutions, ou libéralités, avec charge pour le fiduciaire de conserver jusqu'à sa mort et de rendre à cette époque les biens à un tiers gratifié en second ordre. Dans l'usage de la langue juridique moderne, le fiduciaire prend le nom de grevé, et le fidéicommissaire celui d'appelé ou de substitué.

Le premier texte que nous rencontrons est un fragment du jurisconsulte Marcellus, contemporain de Marc Aurèle. Dès cette époque apparaît un des caractères qui distinguent la substitution romaine de celle qui se pratiquait le plus souvent en France, à savoir qu'elle est établie au profit de tous les membres de la famille. (Dig. L. 54 *ad legem falcidiam.*) Ce fut, en effet, moins dans un intérêt politique que dans un intérêt social que les substitutions s'introduisirent à Rome. Tant que le mépris des richesses, tant que les mœurs de la république subsistèrent, on ne songea pas à cet expédient. Mais lorsque le luxe eut pénétré à Rome avec les dépouilles de l'Asie et de l'Afrique, lorsque les vieilles familles contemporaines de la fondation de la cité se furent éteintes dans les guerres civiles, lorsque tout ce qui restait d'illustre dans Rome eut cherché dans l'abaissement un refuge contre l'ombrageuse cruauté du maître, « ruere in servitum consules, patres, eques, » nous dit Tacite, alors la dissolution et la débauche s'emparèrent du grand peuple romain, tristes fruits de l'état de la république. Dès le commencement de l'empire, tout ce qui semblait un écho de la vie publique, tout ce qui eût pu réveiller dans les âmes engourdies le culte de la patrie ou de la liberté cesse d'exister, Tibère enlève au peuple le pouvoir législatif et l'élection des magistrats, et les Romains dégénérés ne s'en plaignent même pas, « tum primum « e campo comitia ad patres translata sunt........ « neque populus ademptum jus questus est, nisi « inani rumore. » (Tacite, Annales, XV.) Quand bien même nous n'aurions pas l'éloquent témoignage de Tacite et de Juvénal, les lois d'Auguste sur le mariage suffiraient à nous apprendre quelles devaient être les mœurs de Rome. Au milieu de ces débauches et de ces profusions de toute sorte qui épuisaient le patrimoine, la substitution apparut au père de famille comme un moyen de réfréner de coupables dissipations. Il ne privera pas son fils de ses biens, mais il lui ôtera le pouvoir de les aliéner; il ne les lui laissera qu'à charge de les conserver, pour les rendre à son tour à la famille. Dans presque tous les textes que nous présente le Digeste, c'est donc le maintien de la famille qui est le but final du testateur. Il serait facile d'en multiplier les exemples; citons-en seulement quelques-uns, et tout d'abord le passage de Marcellus auquel nous avons fait allusion : « Pater filium ex quo tres habebat nepo- « tes, heredem instituit, fideique ejus commisit ne « fundum alienaret, et ut *in familia ejus* cum relin- « queret, etc. » De même Marcien, loi 114, § 15, *de* *legatis.* 1° « Cum pater filio herede instituto fidei- « commisit ne fundum alienaret et ut in familia « relinqueret, etc... » La décision du jurisconsulte, comme le texte nous en avertit d'ailleurs, se réfère à l'espèce réglée par Marcellus. (*V. loi* 69, § 3 et 4 *de leg.*, 2° *Dig.* — L. 77, §§ 4, 11, 12, *de leg.* 2° — L. 78, § 3 *eod tit.* — L. 11. § 9 *de leg.* 3°.)

Les textes du Digeste et du code nous présentent toujours la substitution comme un fidéicommis qui ne doit s'ouvrir qu'à la mort du fiduciaire ; nos anciens auteurs, Thévenot d'Essaule par exemple, semblent ne pas regarder cette condition comme essentielle, au moins en théorie.

Il ne faudrait pas voir une substitution dans l'espèce visée par Modestin, loi 32, § 6 *de legatis* 2°, bien que l'intérêt de la conservation de la famille ait dicté les dispositions du testateur. En effet, si la charge de rendre s'y rencontre, celle de conserver est absente : on ne trouve pas là un grevé et un appelé avec leurs droits respectifs, mais un fiduciaire et un fidéicommissaire collectif. Qui profitera en fin de compte de cette libéralité ? Modestin nous le dit :

ce seront ceux que le testateur aura désignés nominativement; s'il n'a pas fait cette énumération ou s'ils n'ont pas survécu au testateur, un concours s'établira entre tous ses parents vivants au jour du décès, et leurs descendants au premier degré; mais il ne faudrait appeler les degrés ultérieurs qu'en vertu d'une disposition formelle du testateur.

La prohibition d'aliéner renferme-t-elle implicitement une substitution? Il faut distinguer. Si le testateur a eu en vue l'intérêt de ceux qui devront après l'institué, recueillir les biens, la prohibition d'aliéner pourra être assimilée à une substitution. Aucun doute ne s'élève, s'il s'en est expliqué, comme dans les textes que nous avons cités, « fidéicom« misit ne fundum alienaret et ut in familia relin« queret. » Il en serait autrement si le testateur avait seulement interdit la vente ou l'hypothèque de ses biens, ou s'il avait défendu à son héritier de s'en dessaisir en faveur de telle ou telle personne déterminée. En effet, dans ces deux cas il est certain que l'institué, bien que son droit de disposer soit singulièrement rétréci, n'est cependant pas soumis à l'obligation de conserver et de rendre.

Il fut admis que le testateur, tout en appelant ses enfants ou ses petits enfants au bénéfice de la substitution, pouvait instituer un étranger, un affranchi qui jouerait vis à vis de ceux-ci le rôle de grevé,

(Loi 89, § 6 *de leg.* 2° *Dig.*) il en était ainsi dès l'é·
poque de Marc Aurèle, ainsi que le prouve la loi 39,
in principio, de legatis 3°.

Bientôt on étendit le sens du mot *familia*, ou
pour mieux dire on l'employa dans le sens large
qui lui est propre dans la langue latine, et on ad-
mit les substitutions en faveur des affranchis. Papinien nous en fournit un exemple (L. 77, § 27 et 28,
de leg. 2° Dig.) : «Libertis prædium reliquit ac petiit
« ne id alienarent, utque in familia libertorum
« retinerent. » Et nous voyons que dans ce cas la
substitution ne s'ouvrait au profit des autres affranchis que si leur cohéritier décédait sans enfants :
« heredem libertæ filium partem prædii, quam ma-
« ter accepit retinere visum est. »

Les mêmes raisons qui avaient fait admettre cet
étrange pouvoir donné au père de famille, de régler
par deux fois la dévolution de ses biens, firent aller
plus loin encore. Réduite à un degré, la substitution
était impuissante à arrêter le progrès du mal qui
ruinait la famille romaine. Enchaîné par les termes
du testament, le fils du testateur conservait à la
vérité les biens qu'il avait reçus, mais, si lui-même
ne renouvelait pas la substitution avant de les transmettre à son propre fils, celui-ci ne manquait pas
de les dévorer, souvent même ils l'étaient par avance ; on sait que la langue latine a gardé la trace des

habitudes dissipatrices des fils de famille, en faisant du mot *nepos* le synonyme de débauché. La ruine de la maison n'était donc pas empêchée; elle n'était que retardée d'une génération. On fit un pas de plus, et les substitutions devinrent perpétuelles. Mais les substitutions romaines, nous l'avons déjà fait re-marquer, répondaient uniquement à un besoin so-cial, et n'étaient pas, comme elles le furent chez nous le plus souvent au service de la puissance politique de la famille. Dans la Rome impériale, en effet, il n'y a d'autre pouvoir, d'autre influence que César, maître absolu, tant que les légions daignent lui lais-ser la vie. On comprend donc qu'il ne soit question ni chez les jurisconsultes romains, ni dans les con-stitutions impériales, de priviléges de masculinité ou de primogéniture. Ce n'est pas la puissance de la fa-mille que la substitution a pour but d'assurer, c'est son existence elle-même; de là égalité complète entre tous les enfants à la succession de leur père. La dis-position est faite au profit de la famille toute entière. « Peto ne fundus de familia exeat. » (Loi 67, § 5 *de legatis*, 2° D.) « Volo meas ædes non vendi ab he-« redibus meis, neque fenerari super eas, sed ma-« nere eas firmas, simplices, mais filiis et nepotibus « universum tempus. Si autem aliquis eorum voluc-« rit vendere partem suam, vel fænerari super eam, « potestatem habeat vendere coheredi suo et fœ-

« nerari ab eo; si autem aliquis præter hæc fecerit
« erit quod obligatur, inutile atque irritum. »
(Loi 88 § 15 *ejusdem tituli.*) La novelle 119 de
Justinien nous fournit un exemple de substitution
perpétuelle, exprimée dans des termes fort précis.
« Si quando aliquis testamentum fecerit et ali-
« quam rem immobilem suæ familiæ, aut alteri
« cuicumque personnæ nomine legati reliquerit, et
« specialiter dixit;nullo tempore hanc rem alienari,
« sed aut apud heredes, aut apud successores illius
« cui relicta est permanere. »

Ce texte, indépendamment d'un exemple de substitution perpétuelle, nous montre clairement que le
droit de substituer, bien qu'il eût surtout été introduit en faveur de la propre famille du testateur,
pouvait cependant s'exercer au profit de celle d'un
étranger.

Nous verrons plus loin que ce n'est que dans la
législation de Justinien, que l'on trouve quelques
traces de limitation apportée à cette perpétuité de
substitutions; encore y a-t-il, sur ce point, lieu de
douter.

Il paraît certain que du temps des jurisconsultes,
la substitution ne pouvait être établie que par acte
de dernière volonté, testament, codicille ou donation à cause de mort. En effet, tous les textes du
Digeste qui présentent des exemples de substitutions

fidéicommissaires, supposent qu'elles ont pris naissance de l'un de ces actes, et d'ailleurs, Ulpien,
dans la loi 2 *de legotis* 1ᵉ pose en principe : « Eos
« demum fideicommissum posse relinquere qui tes
« tandi jus habent. » Si d'autres textes comme les
lois 21 pᵒ et 27 § 3 *de legatis* 3ᵉ au Digeste, la loi 22
de *fideicommissis* au code, donnent la faculté de
substituer, soit par lettre, soit par toute espèce
d'écrit, soit même par un simple signe de tête, *nutu*;
il ne faut y voir aucune cóntradiction avec la règle
que nous venons de citer, les codicilles étant dispensés de toute espèce de solemnité; « hæc omnia, dit
Cujas, vicem codicillorum obtinent. »

Un rescrit des Empereurs Dioclétien et Maximien
qui forme la loi 3 au Code *de donationibus quæ
sub modo*, vint innover sur ce point en permettant
de faire des fidéicommis par donation entre vifs, et
accorda à l'appelé en pareil cas une action utile. Il
est permis de penser d'ailleurs, que l'usage de créer
des substitutions par donation, usage contraire,
ainsi que nous le disent les deux Empereurs, aux
véritables principes du fidéicommis ne se généralisa pas dans la pratique.

Nous savons avec quelle faveur l'opinion générale avait admis les fidéicommis; les substitutions
y participèrent, d'ailleurs elles répondaient trop bien
à un besoin général pour n'être pas adoptées avec

empressement. Plus tard, lorsque Dioclétien, par un édit, eut tenté d'arrêter la dissolution de l'empire, et de lui rendre une vie factice en immobilisant toutes les conditions, en attachant le colon à son champ, le curial à sa curie, on dut s'efforcer de développer les germes de stabilité renfermés dans les substitutions. C'est ce qui nous explique la facilité avec laquelle on en admettait l'existence. Dans le principe, les substitutions comme aussi les fidéicommis dont elles ne sont qu'une espèce, ne pouvaient être faites que par l'emploi de formes précatives ; aussi voyons-nous la loi 16, *de pactis* au Code, employer l'expression *precariam substitutionem*. Cependant les fidéicommis étant devenus obligatoires, on fut amené à les tenir pour valables soit que le testateur eût pris le ton du commandement, soit qu'il eût pris celui de la prière. Volun « tas defuncti in fideicommissis maxime valet.» (l. 83, *de legatis*, 3° D.) « In fideicommissis volun- « tatem spectari convenit » (l. 57. § 1, *ad S. C. Trebellianum*). «Omne verbum significans testatoris « legitimum sensum, legare vel fideicommittere vo- « lentis, utile atque validum est, sive directis ver- « bis, quale est jubeo forte, sive precariis utatur « testator, quale est rogo, volo, mando, fideicom- « mitto. » (L. 2, *communia de legatis* au Code). Voilà donc le formalisme romain mis de côté, pas de solemnités, pas de paroles sacramentelles; tout ce que l'on exige, c'est que le disposant ait fait connaître sa volonté, ce qui présente une pure question d'interprétation laissée à l'arbitrage du juge. « Vo- « luntatis defuncti quæstio in æstimatione judicis « est. » Loi 7, *de fidecommissis*, C.). Par application de ce principe, la loi 114, § 6, *de legatis* 1° D. décide qu'un testateur, lorsqu'il prie son héritier d'instituer un tiers au jour de sa mort, a suffisamment manifesté l'intention de faire une substitution au profit de ce dernier.

On va jusqu'à permettre aux juges de se décider en faveur de la substitution par de simples conjectu- « Etenim in causa fideicommissi ulcumque « pr... a voluntas quæreretur, conjectura potuit « admitti. » (loi 64, *de legatis* 2°, *D.*). « In causa « fideicommissariæ substitutionis, dit Cujas, con- « jectura voluntatis sufficit, etiamsi verba non suf « ficiant. » (*Consultatio*, 35). Que si l'existence même de la substitution étant hors de question, il y avait doute sur sa gradualité, il serait encore permis au juge de se décider d'après de simples conjectu- res (loi 69, § 3, *de legatis*, 2° *D.*).

Ces notions générales étant données, nous allons dans les pages suivantes entrer plus avant dans l'étude des questions que présente notre matière.

Des biens qui peuvent faire l'objet d'une substitution.

A part quelques décisions particulières qui découlent plus ou moins directement de la nature et de l'objet des substitutions, les jurisconsultes romains ne les ont guère séparées des fidéicommis ordinaires; on est donc pleinement autorisé à suppléer à l'absence de textes sur notre matière, par les règles générales du fidéicommis, lorsque ces règles ne répugnent en rien à la nature même de l'institution que nous étudions.

Les fragments des jurisconsultes qui nous présentent des exemples de substitutions se rapportent presque tous à des immeubles, ou bien ils ne spécifient pas de quelle nature sont les biens substitués. Mais une substitution pourrait-elle être établie sur des objets mobiliers? La loi 41, § 10, *de legatis*, 3° *D.* nous en présente une qui porte sur des esclaves. « Sorori legavit homines, ejusque fideicommi- « sit ut eadem mancipia filii suis cum obiret resti- « tueret.» La loi 3 § 1, *de usuris et fructibus D.* fait supposer qu'une substitution peut avoir pour objet des vases d'or et d'argent. De ces deux textes, bien qu'isolés, n'est-il pas permis de conclure que des meubles pouvaient être légués sous cette condition ?

Pourquoi en serait-il autrement? aucun texte ne le défend, rien, dans la nature propre de la substitution n'y fait obstacle, et Justinien nous dit expressément que des meubles peuvent être laissés par fidéicommis. (Instituts, *de singulis rebus per fidei-commissum relictis*). A la vérité, il est fort probable qu'on n'usa guère de cette faculté, et cela pour plusieurs raisons : la plupart des meubles périssent et se détériorent par l'usage auquel ils sont destinés; leur aliénation est souvent commandée par les règles d'une sage administration, et c'eût été sans grand profit pour personne, frapper le grevé d'une lourde charge qu'en interdire l'aliénation. D'ailleurs, à Rome, les fortunes mobilières devaient être bien inférieures aux fortunes immobilières; cet état a subsisté bien longtemps après la chute de l'empire, et même aujourd'hui qu'une véritable révolution dans le crédit a donné naissance à d'immenses fortunes entièrement constituées en valeurs mobilières, il y a cependant bien des dispositions de no're Code qu'on ne peut expliquer que par l'influence de l'ancienne maxime, de nos jours devenue fort inexacte, « vilis mobilium possessio. »

Telles étaient les substitutions particulières; mais elles pouvaient aussi être universelles ou à titre universel, comme nous dirions à présent, c'est-à-dire comprendre une hérédité toute entière ou une quote part d'hérédité. Elles n'étaient d'ailleurs exécutées que sur les biens dont le testateur avait la libre disposition; ainsi il est bien certain qu'elles ne portaient atteinte ni aux droits des créanciers du défunt, ni à ceux du fisc : *nemo liberalis nisi liberatus*. Il faut aussi en déduire la quarte Falcidienne et la quarte Antonine. On sait que le sénatus-consulte Pégasien avait étendu à l'héritier testamentaire grevé de fidéicommis le bénéfice de la loi Falcidie ; de même Antonin le Pieux avait accordé la même retenue du quart aux héritiers *ab intestat*, qui, eux aussi, pouvaient, au moyen de codicilles, être soumis à la charge de restituer une partie de l'hérédité (loi 18 p° *ad legem Falcidiam* D.) Le disposant ne peut, en effet, enlever à l'héritier ce qui lui est garanti en vertu d'une disposition expresse de la loi. Mais c'est à l'héritier seul qu'il est permis de n'exécuter la substitution qu'après le prélèvement de sa quarte. Il suit de là que si la substitution est graduelle, le premier appelé qui joue le rôle de grevé vis à-vis du second ne pourra prétendre à ce bénéfice. Ce n'est pas, en effet, comme héritier du grevé que l'appelé recueille la substitution, s'il lui succède, c'est en vertu de l'ordre établi par le disposant, il ne se trouve donc pas dans l'un des cas prévus par le sénatus-consulte Pégasien, ou par le rescrit d'Antonin.

Justinien laissa subsister ces principes quant à la quarte Antonine, mais il y apporta d'importantes modifications en ce qui concerne la Falcidie. D'obligatoire qu'elle était, la novelle première (chap. 2 et 3) la rendit facultative, en ce sens qu'il devint loisible au testateur d'interdire à l'héritier la retenue de la quarte. On en conclut naturellement, qu'en substituant ses biens, le disposant avait suffisamment exprimé son intention à cet égard, et la substitution emporta par elle-même la prohibition de la Falcidie. Ces conséquences sont d'ailleurs déduites dans la novelle 119 (chapitre 11).

La substitution pouvait-elle porter sur la chose d'autrui? Un texte d'Ulpien paraît décisif : « Res per fideicommissum relinqui possunt, quæ etiam per damnationem legari possunt. » (Fragments tit. XXV). Une difficulté se présente cependant; car il peut arriver qu'un tel fidéicommis se résolve par le paiement de la valeur de la chose léguée; or, par sa nature même, il semble qu'il est bien difficile de soumettre une somme d'argent aux règles de la substitution; ce serait créer une sorte de quasi-usufruit perpétuel, ou pour mieux dire renouvelé de degré en degré. Nous verrons, il est vrai, que chez nous les sommes d'argent peuvent être substituées; mais leur nature y répugnait tellement, qu'elles ne peuvent l'être qu'à condition d'être employées, c'est-à-dire de perdre leur nature de sommes d'argent.

Était-il permis de faire porter la substitution sur les biens précédemment donnés ? S'il s'agit de donations à cause de mort, la décision doit être affirmative; tel est le sens de la loi 77 § 1 et 2 *de legatis* 2°. Et la raison est facile à percevoir : ces donations étaient essentiellement révocables, « mortis causa donatio, etiam dum pendet an convalescere possit, donator revocari potest; » (*l.* 10 *de mortis causa donationibus. D.*) Il suit de là que le donateur devait avoir *a fortiori* le droit de la diminuer, en la grevant d'une substitution. Cela fut encore plus exact, lorsque Justinien eut plus complétement assimilé aux legs les donations à cause de mort. (*l.* 4 *de donationibus quæ sub modo, Code*).

Faut-il admettre cette solution quant à ce qui concerne les donations entre vifs ? La loi 37. § 3 *de legatis* 3° ne saurait fournir un argument bien sérieux en faveur de l'affirmative. Dans l'espèce qu'elle rapporte, le donateur avait, au moment de la donation, stipulé du donataire, outre un droit de retour conventionnel, celui de révoquer la donation à sa guise, « *cum volam.* » Cette stipulation, que notre droit n'admettrait pas, car, c'est *donner et retenir*, ayant eu pour effet de rendre la donation révocable, on comprend, comme dans le cas précédent, que le donateur, qui pouvait l'anéantir, ait eu la faculté de

la restreindre en obligeant le donataire à une restitution. Que, s'il s'agit au contraire d'une donation
entre vifs faite sans aucune réserve de la part du
donateur, il faudrait appliquer la règle *quem non
honoro gravare non possum*. C'est-à-dire que le
disposant ne pourra pas substituer les biens de la
donation en tant que biens par lui donnés : mais
s'il fait au donateur quelque nouvelle libéralité, il
pourra y ajouter, comme charge, l'obligation de
restituer les biens précédemment donnés : c'est
ainsi qu'un testateur peut léguer *per damnationem*
la chose de son héritier.

Il nous reste à examiner une question qui n'est
pas sans analogie avec la précédente, et dont nous
puiserons la solution dans les mêmes principes. Le
grevé peut-il, en restituant à l'appelé les biens de
la substitution, la renouveler à son préjudice. Un
exemple fera mieux comprendre l'espèce : Titius a
laissé à Primus le fonds Cornélien, à charge de le
restituer en mourant, à Secundus. Voilà la disposition originaire. Primus pourra-t-il à son tour grever Secundus d'une restitution au profit de Tertius ?
A cette question, les Instituts répondent aussi affirmativement que possible : « Eum quoque cui ali-
« quid restituitur, potest rogare ut id alii aut totum,
« aut pro parte, vel etiam aliquid aliud restituat. »
Mais faut-il accepter cette décision dans toute sa

généralité? Non, sans doute : à quel titre Primus imposerait-il à Secundus la charge de conserver et de rendre? Au moment où s'ouvre la substitution, Primus n'est qu'un débiteur qui paye sa dette ; de quel droit et en quelle qualité lui serait-il permis de diminuer l'utilité de la créance de Secundus? Il faut, évidemment, suppléer à ce que le texte des Instituts laisse à désirer du côté de la précision par les détails que nous fournit la loi 77, § 31, *De legatis* 2°.

Séius a institué Mævius et l'a chargé de rendre, en mourant, son hérédité à Titius, son frère. Mævius institue celui-ci héritier, et le prie de restituer non-seulement sa propre hérédité, mais encore celle de Séius à Sempronius. On se demande si Titius ne peut pas distraire du fidéicommis dont il est grevé au profit de Sempronius les biens de Séius, qui lui étaient attribués par la disposition originaire, et indépendamment du testament de Mævius. Papinien répond qu'il ne le pourra pas, parce que la jouissance qui lui est attribuée, des deux hérédités, est pour lui un équivalent suffisant de la substitution à laquelle il était appelé : «Cum ex fruc-« tibus medii temporis fideicommissi debitam quan-« titatem Titius percepisset, æris alieni loco non esse « deducendum fideicommissum quoniam ratione «compensationis percipisse videbatur.» Et il ajoute que si Titius veut conserver pour lui la succession de Séius, il devra renoncer à celle de son frère Mæ- vius : « Prudentius autem fecerit si ex testamento « fratris hereditatem repudiaverit.» Pour généraliser la règle implicitement contenue dans ce fragment, nous dirons que le grevé ne peut renouveler la substitution au préjudice de l'appelé, qu'autant que lui-même le gratifie de quelque libéralité.

SECTION III.

Des différents caractères des substitutions fidéicommissaires.

Nous avons déjà vu comment les substitutions qui ne renfermaient à l'origine qu'une restitution à faire, furent bientôt étendues à plusieurs degrés, et comment on fut amené à les continuer jusqu'à l'extinction des familles en faveur de qui elles étaient établies. Nous avons déjà vu qu'elles pouvaient porter sur des objets déterminés ou sur des héré- dités dans leur ensemble. Nous ne reviendrons donc pas sur les substitutions considérées comme simples ou graduelles, temporaires ou perpétuelles, parti- culières ou universelles.

On entend par substitution réciproque une subs- titution telle que deux personnes jouent mutuelle- ment l'une envers l'autre le rôle de grevé et celui d'appelé. Tel est le cas où j'institue mes deux fils en les substituant l'un à l'autre ; le premier qui mourra devra restituer à son frère la part qu'il aura prise dans ma succession. La réciprocité est expresse, quand le testateur a pris soin de s'en expliquer, mais elle peut être tacite, c'est-à-dire déduite par voie de conséquence d'une disposition qui ne l'a pas formellement énoncée. L'exemple suivant est tiré de la loi 87 § 2 *de legatis* 2° : « Seia libertis « suis fundum legavit, fideique eorum ita com- « misit : fidei autem vestræ, Vero et Sapido, com- « mitto, ne eum fundum vendatis : eumque, qui ex « vobis ultimus decesserit, cum morietur restituat « Symphoro liberto meo, et successori etc...» On se demandait si, la testatrice n'ayant pas déclaré substituer réciproquement l'un à l'autre Verus et Sapidus, il fallait suppléer à son silence, et induire cette réciprocité de la phrase *qui ultimus decesserit*; Voici la réponse de Paul : dans ce fidéicommis, la testatrice paraît avoir réglé deux degrés de substitution : le premier, en chargeant le prémourant de restituer sa part au survivant, le second en priant celui-ci de restituer le fonds tout entier à celui qu'elle désigne en second lieu.

Ce caractère de réciprocité se rencontrait fréquemment dans les substitutions romaines; il était assez conforme à l'idée de la conservation de la famille; Ulpien nous en donne un exemple : « Qui- « dam liberis suis ex disparibus partibus institutis,

« datis præceptionibus, ut ipso maximam partem pa-
« trimonii inter liberos ita divisisset, rogavit eum
« qui sine liberis decederet portionem suam fratribus
« restituere. » (loi 3, §4, *ad S. C. Trebellianum. D.*).
Remarquons qu'ici la substitution des survivants au
prémourant, est subordonnée à cette condition que
celui ci décède sans postérité. Cette espèce avait, à
ce qu'il paraît, donné lieu à une difficulté qui fut
tranchée par un rescrit de l'empereur Marc-Aurèle.
Les legs faits par préciput à chacun des héritiers
devaient-ils être compris dans la restitution à faire ?
L'empereur répondit affirmativement : « Quia non
« portionem hereditariam testator commemoravit,
« sed simpliciter portionem : in portionem autem et
« præceptiones videri cecidisse. » La portion héréditaire, au contraire, ne comprendrait que ce que
l'héritier a reçu en cette qualité; il faudrait en
exclure tout ce qu'il prend dans la succession à titre
de préciput (V. loi 18, § 3 *eodem titulo.* — Loi 16
de fideicommissis au Code).

On rencontre aussi une substitution d'un caractère tout particulier: c'est celle qui est désignée par
les commentateurs sous le nom de *substitutio de eo
quod supererit.* Elle a lieu lorsque le disposant charge
son héritier de rendre à un tiers ce qui lui restera
de l'hérédité au jour de sa mort. Si la faculté d'a-
liéner n'est pas enlevée au grevé, il ne faut pas

croire, cependant, qu'elle lui soit laissée dans sa plénitude, ce qui serait destructif de l'idée de substitution. Les aliénations qu'il lui est permis de faire sont réglées *boni viri viri arbitrio*; (loi 54 *ad. S. C. Trebellianum* D.). Il ne lui est pas permis de disposer des biens substitués à titre gratuit, ou de les vendre pour acheter des biens qui lui resteraient propres, (loi 70, *in fine, de legatis* 2° D.). Mais s'il les a donnés en gage sans qu'il y ait eu fraude de sa part, il ne sera pas tenu de les dégager.

Il est fort probable que dans la pratique, bien des difficultés s'élevèrent sur la question de savoir si le grevé n'avait pas outrepassé les limites imposées à son droit d'aliénation; aussi Justinien prend-il le parti de couper court à toutes les contestations, en décidant par la novelle 108, que le grevé aura la faculté d'aliéner les biens héréditaires jusqu'à concurrence des trois quarts. Il lui permet même, à défaut d'autres ressources d'entamer la portion réservée à l'appelé, pour cause de dot et d'avantages nuptiaux, ou pour le rachat des captifs « Si quidem « aut dotem voluerit dare, aut sponsalitiam largita - « tem, aliam non habens substantiam oportet ei hoc « permittere......... Si vero et in captivorum « redemptionem (hunc enim excipimus et dicamus « Deo causam) et hoc licentiam habere facere et mi- « nuere etiam quartam pietatis ratione. »

SECTION IV.

Entre quelles personnes peuvent être établies les substitutions.

Toute personne qui a la capacité de tester, sans distinction de sexe ni de rang, a le droit d'établir des substitutions. Ce principe est formulé dans la loi 2, *de legatis* 1° au Digeste, et dans le titre 25 des règles d'Ulpien.

Tous ceux qui peuvent être chargés de fidéicommis, peuvent être grevés de substitution ; ainsi que nous l'avons déjà vu, ceci s'étend au donataire à cause de mort.

Pour jouer le rôle d'appelé, il suffit, de même, d'être capable de recevoir à titre gratuit ; on sait combien d'exceptions avaient été apportées à cette capacité par les lois caducaires (loi 10, § 1 *de his quæ ut indignis.* D. — Ulpien, Fragments, tit. XXV, n° 6 et 7.)

La même capacité est nécessaire au grevé, puisqu'on ne peut charger de substitution que celui que l'on gratifie dans la même disposition, *nemo oneratus nisi honoratus.*

Il pouvait arriver que le testateur eût lui-même réglé l'avenir de la substitution en désignant nominativement les appelés, soit que la disposition ne contînt qu'une restitution, soit qu'elle en contînt plusieurs successives. Dans ce cas, la volonté du testatour était la règle à suivre, et nous savons qu'on pouvait l'établir même au moyen de simples conjectures. Mais nous avons déjà dit que les Romains, ne connaissant ni le privilège des mâles ni celui des aînés, avaient le plus souvent pour but en substituant, l'intérêt de la famille toute entière ; aussi arrivait-il fréquemment que le testateur se bornait à appeler la famille en masse sans aucune désignation de personnes, « fideicommissum familiæ perpetuo « relictum.» Dans ce cas, qui devra en recueillir le bénéfice?

Tous ceux qui à un degré quelconque sont membres de la famille y ont vocation; et ce n'est qu'après que le dernier d'entre eux aura disparu que s'éteindra la substitution (loi 78, § 3 *de legatis* 2° D.) Mais le cercle de l'ancienne famille Quiritaire s'est singulièrement élargi. Pourront prétendre aux biens substitués non pas seulement les descendants et les agnats en puissance, mais aussi ceux qui ont été émancipés « quoniam familiæ appellatione per- « sonæ quoque hæ demonstratæ intelliguntur, » dit Papinien. (Loi 69, § 4 *de leg.* 2°.) Par la même raison on admettra tous les cognats; bien plus, on comprendra dans la famille les affranchis du disposant, et même ceux qui ont reçu de lui la liberté non pas directement, mais par fidéicommis. « Fidei « heredum meorum committo, ne fundum Tuscula-

« num alienent, et ne de familia nominis mei exeat.
« Secundum voluntatem eos quoque invitatos intel-
« ligendum est quibus heredes extranei fideicom-
« missam libertatem reddiderunt. » (Loi 77, § 11
de leg. 2ᵉ D.) Justinien ouvre les rangs de la famille,
même au gendre et à la bru, et il les préfère aux
affranchis après que la mort de leur conjoint a dissous le mariage, et a ainsi rompu le lien civil qui
les unissait à la famille du disposant, « non solum
« propinquos, sed etiam his deficientibus generum
« et nurum. » (Loi 5 *de verborum et rerum significatione. Code.*)

La prohibition de disposer au profit de personnes incertaines est nécessairement sans application
dans notre matière. En effet, il était de l'essence des
substitutions faites au profit de la famille, que tous
ses membres y eussent vocation, même ceux qui ne
sont nés et n'ont été conçus que bien après la mort
du disposant. Du moment que ce genre de disposition fut admis, les principes du droit civil durent
fléchir. Mais cette dérogation était spéciale aux substitutions, et ne fut pas étendue aux fidéicommis ordinaires (*Gaïus, comment.*, II. 287).

Si tous les membres de la famille sont appelés,
tous ne viendront pas cependant en concours; mais
ils viendront suivant l'ordre de proximité.

Le grevé pourra disposer dans son testament des

biens substitués, pourvu qu'il en gratifie quelqu'un de la famille; cette condition suffit, en effet, pour que la volonté du disposant soit respectée, *ne fundum familia excat*. Il n'aura donc pas outrepassé son droit s'il lègue les biens substitués, ou s'il institue héritier *unum ex familia*. S'il institue plusieurs héritiers membres de la famille, chacun d'eux pourra réclamer de la substitution une part proportionnelle à sa part héréditaire. (Loi 114, § 17 et 18 *de leg.* 1ª)

Si le grevé n'a pas disposé des biens substitués, ou s'il l'a fait en faveur d'un étranger, ce qui serait nul, le bénéfice de la substitution sera attribué à l'appelé le plus proche (loi 69, § 3 *de leg.* 2ª D.).

SECTION Vª.

Droits et devoirs des grevés.

Malgré certaines analogies apparentes, le droit du grevé ne doit pas être confondu avec celui de l'usufruitier. Le grevé est, en effet, propriétaire temporaire et résoluble. Il est vrai que l'un des éléments les plus importants de sa propriété, le droit de disposer, est paralysé par l'obligation de restituer à laquelle il est soumis. L'aliénation des biens substitués soit à titre onéreux, soit à titre gratuit,

lui est donc interdite; et cela est si vrai que, s'il s'a-
git d'un « fidejcommissum familiæ perpetuo relictum, » le consentement de tous les appelés existants
au moment de l'aliénation ne suffirait pas à relever
le grevé de cette incapacité, et ne saurait préjudicier
en aucune manière aux droits de ceux qui viendraient à naître postérieurement.

Ce que nous disons de l'aliénation s'applique à
la constitution de gage ou d'hypothèque qui renferment virtuellement une aliénation éventuelle
(l. 88, § 15, *de legatis*, 2°).

Mais si le grevé avait vendu ou hypothéqué
la chose substituée à l'un des membres de la famille, il serait resté dans les termes de la substitution, et ces actes devraient être maintenus.

Il paraît bien qu'avant la constitution de Justinien, qui forme la loi 3 au Code, *communia
de legatis*, les tiers qui de bonne foi avaient acquis du grevé, à titre onéreux, les biens substitués, n'étaient pas exposés à la revendication des
appelés.

L'inaliénabilité des biens de la substitution en-
traîna non pas comme conséquence forcée, mais au
moins comme corollaire assez naturel leur imprescriptibilité. Peut-être on a pu douter qu'il en fût
ainsi à l'époque des jurisconsultes, malgré le principe suivant, « alienationis verbum etiam usuca-

« pionem continet. Vix est enim ut non videatur
« alienare, qui patitur usucapi, » (loi 28, *de verbo-*
rum significatione) ; mais dans le droit de Justinien,
la question a été clairement résolue dans le sens de
l'imprescriptibilité par la loi 3. § 3, *communia de*
legatis au Code : « . . . . nec usucapio nec longi
« temporis præscriptio contra legatarium vel fidei-
« commissarium procedat, » et plus bas : « In his
« omnibus casibus (venditio vel hypotheca) lega-
« tario omnis licentia pateat rem vindicare, et sibi
« adsignare, nullo obstaculo ei a detentatoribus
« opponendo. »

Il ne faudrait pas, toutefois, exagérer la portée
de cette prohibition d'aliéner; il est, en effet, plusieurs cas, dans lesquels le grevé peut ou même
doit aliéner ou hypothéquer les biens de la substitution.

Sans revenir sur le fidéicommis *de eo quod su-*
pererit, dans lequel une certaine liberté d'aliénation est nécessairement laissée au grevé, nous examinerons cinq cas dans lesquels les biens substitués
peuvent être valablement aliénés.

1° L'aliénation peut être rendue licite ou même nécessaire par
la nature ou l'état des choses substituées.

Si la substitution renferme des meubles sujets à
dépérissement, ou des denrées destinées à être ven-

dues, le grevé devra en opérer l'aliénation; elle est commandée par la prudence, et nous savons que le grevé doit calquer sa jouissance sur celle d'un bon père de famille. Nous pensons qu'il en doit être de même des immeubles à l'entretien desquels ne suffit pas le revenu; un bon père de famille ne conserve pas une propriété aussi onéreuse.

Peut être convient-il d'examiner ici si le grevé de substitution a le pouvoir d'affranchir les esclaves qui font partie des biens substitués ? Sur ce point, les textes paraissent peu d'accord. La loi 11 *de manumissionibus* décide que l'esclave légué sous condition suspensive ne peut être affranchi *pendente conditione* : « servum qui sub conditione legatus « est, interim, heres manumittendo liberum non « facit. » La loi 29, § 1, *qui et a quibus manumissi* n'est pas moins explicite, et bien qu'elle ne vise pas un cas de substitution, elle semble pouvoir s'y appliquer tout naturellement; en effet, la substitution implique nécessairement une condition, puisque la propriété sera consolidée entre les mains du grevé, si les appelés à tous les degrés meurent avant lui, de même qu'elle sera consolidée entre les mains de l'héritier si la condition fait défaut. Or, voici ce que nous dit Gaïus : « Sub conditione servus lega- « tus pendente conditione pleno jure heredis est :

« sed nullam libertatem ab eo consequi potest, ne
« legatario injuria fieret. » (l. 20, § 1, *qui et a qui-*
bus, etc.) Le Code est plus explicite encore, et la loi
3, § 2, *communia de legatis* interdit formellement
à l'héritier le droit d'affranchir l'esclave qui est l'objet d'un fidéicommis, « quia satis absurdum est et
« irrationabile rem quam in suis bonis pure non
« possidet, eam ad alios posse transferre, vel hypo-
« thecæ pignorisve nomine obligare, vel manu-
« mittere, et alienam spem decipere. »

L'opinion contraire est exprimée dans plusieurs
textes du Digeste. C'est ainsi que la loi 25 § 2 *ad S. C.*
Trebellianum décide qu'un grevé peut valablement
affranchir même par testament un esclave faisant
partie des biens à restituer, et qu'en pareil cas l'appelé ne pourra que répéter la valeur de l'esclave.
« Si quis filium suum ex asse heredem instituit, et
« codicillis quos post mortem filii aperiri jussit, fidei
« ejus commisit, ut, si sine liberis decesserit, here-
« ditatem suam sorori suæ restitueret ; et filius, cum
« sciret quod in codicillis scriptum esset, Stichum
« servum hereditarium testamento suo liberum esse
« jussit : heredes filii pretium ejus servi sorori de-
« functi præstare debent, libertate favore sui servata.
« Hoc amplius, etsi ignorasset filius codicillos a patre
« factos, nihilominus heredes ejus pretium præstare
« debebunt, ne factum cujusdam alteri damnum ad-

ferat. »Ainsi l'affranchi restera libre ; mais l'appelée sera indemnisée. La même théorie est indiquée, bien que plus vaguement, dans la loi 70 § 1 du même titre, qui décide que si le fiduciaire a aliéné ou détruit quelqu'objet, ou affranchi quelqu'esclave héréditaire, le fidéicommissaire n'aura contre lui aucune action civile, mais qu'il pourra seulement le poursuivre à raison de ce qui manque dans l'hérédité.

Cette dernière opinion nous paraît être celle à laquelle il convient de s'arrêter. On remarquera d'abord combien la loi 25 *ad S.C. Trebellianum* est plus topique que les fragments, qui militent en faveur du système opposé. En effet, elle vise précisément un cas de substitution, tandisque les autres ont trait à des legs sous condition suspensive, et, bien que l'analogie soit grande entre un legs de cette nature et une substitution fidéicommissaire, il faut préférer la décision donnée dans la matière même qui nous occupe. La même observation s'applique à la loi 3 *communia de legatis*; celle-ci parle il est vrai d'un fidéicommis, mais il y a tout lieu de penser qu'il s'agit d'un fidéicommis ordinaire et non d'une substitution. Or il est certain qu'entre les deux espèces, il existe de grandes différences. Le testateur n'a voulu en définitive conférer aucun droit au fiduciaire, la propriété du fidéicommis ne doit reposer sur la tête qu'un seul instant de raison, pour être transférée immédiatement au fidéicommissaire Au contraire, en matière de substitution le disposant a entendu attribuer au grevé un droit positif et d'une utilité réelle, une véritable propriété, modifiée, il est vrai, par l'obligation éventuelle de la restitution, mais emportant des avantages incontestables. Cette opinion d'ailleurs est plus conforme à cette faveur due à la liberté, à ce respect de la dignité humaine même dans la personne de l'esclave, que la philosophie stoïcienne faisait pénétrer peu à peu dans la doctrine des jurisconsultes romains. Il convient donc de dire avec la glose sur la loi 25 *ad S. C. Trebellianum* :

« Libertas servo fideicommisso data, valet. »

2° Sont valables les aliénations faites pour l'acquittement des dettes auxquelles les biens substitués sont sujetsr.

Si l'inaliénabilité des biens substitués était tellement absolue qu'elle ne dût céder devant aucune considération, on conçoit combien il serait facile à un débiteur de frustrer ses créanciers, au moyen d'une substitution perpétuelle de son hérédité, puisque, dès lors, ceux-ci se verraient enlever le droit de faire vendre les biens pour être payés sur leur valeur. L'équité naturelle se refuse à admettre un pareil résultat : *nemo liberalis nisi liberatus.* D'ailleurs, la loi 114 § 14, *de legatis* 1°, et la loi 78

§ 4 *de legatis* 2°, autorisent formellement, pour acquitter les dettes auxquelles ils sont substitués, l'aliénation des biens substitués, pourvu qu'elle soit indispensable : c'est-à-dire, à condition qu'il ne se trouve pas dans l'hérédité des biens libres suffisants à l'extinction des dettes du constituant : « Si non « erat aliud in hereditate, unde debitum exsolvisset. » (l. 38 p° *in fine* — *de legatis* 3° D.)

Il importe d'un autre côté, dans l'intérêt des appelés, que la moindre partie possible des biens substitués soit vendue; aussi, l'aliénation ne sera valable qu'autant qu'elle aura été faite à sa juste valeur, et non à vil prix (l. 92 p°. *de legatis* 1° D.)

Quant aux charges attachées à l'objet substitué, qui doivent se prendre sur le revenu, telles que la contribution perçue par le fisc, les pensions alimentaires, les redevances que paye l'emphytéote, elles incombent au grevé qui ne saurait les imputer sur les biens dont il doit faire la restitution, et qui, par conséquent ne peut distraire aucune partie de ces biens à l'effet de les acquitter. (l. 5 § 1 — *De censibus* D. — l. 9 *de annuis legatis* - D. — l. 12 *de alimentis* D.). Il en est de même des réparations d'entretien qui sont charge de la jouissance; car un bon père de famille doit y faire face sur les revenus

3° Sont valables les aliénations auxquelles ont consenti tous les appelés.

Lorsque tous les appelés ont consenti à l'aliénation

des biens substitués, celle-ci est valable, sans qu'il y ait lieu d'examiner si elle était nécessaire à l'acquittement des dettes, ou commandée au grevé par les principes d'une bonne administration. « Omnibus, « quibus fideicommissum relictum est, ad distractio- « nem consentientibus, nullam fideicommissi petitio- « nem superfuturam. » (l. 120 § 1 *de legatis* 1° D.). La même décision est donnée dans la loi 11, au code *de fideicommissis*. Mais pour la validité d'une pareille aliénation, il faut le consentement de tous les appelés sans exception; il ne suffirait donc pas, ainsi que nous l'avons dit plus haut, du consentement de tous ceux qui existent au moment de l'aliénation, si la substitution contient plusieurs degrés et qu'il puisse naître d'autres appelés. Un pareil consentement ne pourra donc pas être valablement donné dans le cas d'un *fideicommissum familiæ perpetuo relictum*. Mais quand même tous n'auraient pas consenti, ceux qui ont donné leur consentement ne sont plus recevables à attaquer l'aliénation.

Il faut qu'il soit donné d'une façon évidente, et qui ne laisse aucun doute; Modestin nous apprend, dans la loi 34 § 2 *de legatis* 2°, qu'on ne pourrait l'induire de la présence du substitué à l'acte d'aliénation, qu'au cas où son intention ne pourrait présenter aucune ambiguïté. Il est bien certain en tous cas que le consentement de l'appelé n'aura de valeur que s'il l'a donné en cette qualité, c'est-à-dire en parfaite connaissance des termes de la substitution. (Loi 6 *de transactionibus*. D.)

Il nous reste à examiner si le grevé, dans le cas où l'appelé a concouru à l'aliénation, est entièrement délié de l'obligation de restituer, ou si, au contraire, le prix qu'il a reçu est subrogé au lieu et place de la chose vendue. Sur cette question nous avons deux textes en opposition. D'une part, la loi 92 1° *de legatis*; 1° accorde à l'appelé qui a concouru à l'aliénation la restitution du prix, à moins que le grevé ne préfère restituer la chose elle-même : « Placet non fundum, sed pretium ejus restitui « deberi. Marcellus notat, si fundum restituere malit « heres, audiendum existimo. » D'un autre côté, la loi 88 § 14 *de leg*. 2° présente une décision toute contraire dans l'espèce suivante : « Insulam liber- « tis utriusque sexus legavit, ita ut ex reditu ejus « masculi duplum, feminæ simplum percipiant : « eamque alienare vetuit : ex consensu omnium ab « herede venumdata est. Quæro an et ex pretio insulæ « duplum mares, simplum caperent feminæ? *Res-* « *pondi, ob pretium nullam fideicommissi perse-* « *cutionem esse, nisi ea mente venditioni consense-* « *runt, ut similiter ex pretio mares quidem duplam* « *feminæ autem simplum consequantur.* »

Doit-on chercher à concilier ces deux textes, en supposant que dans l'espèce à laquelle fait allusion la loi 92, l'appelé n'avait consenti à l'aliénation qu'en se réservant de faire valoir ses droits sur le prix. Une pareille supposition serait trop gratuite; nous croyons ces deux lois contradictoires, et nous adoptons l'opinion de la première. « Je crois, dit à ce sujet Thévenot d'Essaule, qu'on doit sans balancer préférer la loi qui accorde au substitué la répétition du prix. Car enfin, consentir à la vente, n'est pas renoncer au fidéicommis absolument, et en tout temps; c'est simplement consentir que la vente ait son effet, ce qui n'emporte que la renonciation à la faculté d'enlever la chose à l'acheteur, *habere licere* : c'est abdiquer indistinctement la chose, mais ce n'est pas en abdiquer le prix, pour que le grevé puisse le conserver à perpétuité. Il est plus équitable de dire avec la première loi : *placuit non fundum, sed pretium ejus restitui debere* : et c'est se conformer à celle qui porte : *nisi evidenter apparuerit omittendi fideicommissi causa fecisse*. »

4° Aliénations faites par le grevé pour le temps de sa propriété.

Ce n'est pas en faveur du grevé, c'est uniquement en faveur de l'appelé que la prohibition d'aliéner a été introduite. L'aliénation qu'il aura faite tout en respectant les droits de ceux-ci, sera valable. C'est ainsi qu'il lui est permis de vendre les biens substitués, sous cette condition que la vente sera résolue par l'événement qui doit donner ouverture à la substitution. Si donc au terme fixé pour la restitution, à la mort du grevé, tous les appelés étaient prédécédés ou faisaient défaut, la propriété serait consolidée entre les mains de l'acheteur ; sinon celui-ci serait forcé de restituer comme le grevé lui-même. (Loi 12, § 2 *familiæ erciscundæ*, D.)

De même rien ne s'oppose à ce que le grevé consente sur les fonds substitués une servitude réelle ou personnelle ; ce qui est dans une certaine mesure faire acte d'aliénation, pourvu qu'en agissant ainsi, les droits de l'appelé soient réservés, c'est-à-dire que l'événement qui donnera ouverture à la substitution éteigne en même temps la servitude, *resoluto jure dantis, resolvitur jus accipientis*. Le grevé se trouve en effet vis à vis de l'appelé, dans une position analogue à celle de l'héritier dans ses rapports avec le légataire sous condition suspensive : or l'héritier pourra valablement consentir une servitude qui s'éteindra à l'événement de la condition. « Imposita servitus finietur existente conditione. » (Loi 105 *de conditionibus et demonstrationibus* D.) La parité des situations nous amène à admettre la même décision en matière de substitution.

5° **Aliénations pour cause de dot.**

La faveur qui s'attachait à Rome au mariage et aux conventions qui ont pour but d'en faciliter la réalisation, avait fait apporter plusieurs dérogations aux règles ordinaires des substitutions fidéicommissaires ; c'est ainsi que nous avons déjà vu que Justinien, en fixant aux trois quarts des biens soumis à la restitution *de eo quod supererit*, la portion que le grevé pourrait aliéner à son gré, lui permet en outre d'entamer le quart réservé au substitué, pour cause de dot ou d'avantages matrimoniaux.

Est-il loisible à la fille grevée par son père d'une substitution fidéicommissaire, de prendre sur les biens substitués, pour se constituer une dot ? A cette question Ulpien répond affirmativement, et la raison qu'il donne de son opinion ; c'est que le testateur en grevant de substitution l'hérédité qu'il laisse à sa fille, a dû vouloir lui laisser la faculté de se constituer une dot, pour qu'elle puisse trouver à se marier avantageusement : « Cum proponeretur
« quidam filiam suam heredem instituisse et rogasse
« eam, ut, si sine liberis decessisset, hereditatem
« Titio restitueret, eoque dotem marito dedisse certæ
« quantitatis, mox decedens sine liberis, heredem
« instituisse maritum suum ; et quæreretur an dos
« detrahi possit : dixi non posse dici in evertionem

« fideicommissi factam, quod et mulieris pudicitiæ,
« et patris voto, congruebat. » (Loi 22, § 4 *ad s. c.
trebellianum* D.) La restitution à faire se trouverait
ainsi réduite au surplus de la dot. D'ailleurs, fait
observer le jurisconsulte, celle-ci ne devrait pas se
prendre sur les biens substitués, si les fruits étaient
assez abondants pour suffire à la constituer.

Justinien, dans le premier chapitre de sa novelle
39, confirme cette décision ; il va même plus loin et
étend la même faveur aux donations *propter nup-
tias* faites par le mari, soit avant, soit après le mariage : « Ea enim quæ communiter omnibus prosunt,
« iis quæ specialiter quibusdam utilia sunt propo-
nimus. »

La femme d'un grevé avait-elle à Rome, comme
on le lui a plus tard accordé chez nous, un recours
subsidiaire sur les biens du fidéicommis pour la restitution de sa dot ? Un grand nombre de docteurs,
parmi lesquels il faut compter Alciat, Ricard, Tul-
den se prononcent pour la négative. En effet, si la
substitution imposée par le père à sa fille ou à son fils
n'empêchait pas ceux ci de constituer une dot ou des
avantages matrimoniaux, c'est que le père ne pouvait se soustraire à l'obligation dont il était tenu d'y
subvenir (Loi dernière de *dotis promissione* au Code).
Mais cette raison ne saurait être valable dans notre
question; les biens du fidéicommis ne sauraient

être obligés à la restitution de la dot, puisque c'est
là une dette qui a été contractée par le grevé, et non
par l'auteur de la substitution, comme il est parfaitement exprimé par la loi 22, § 12 *soluto matri-
monio* au Digeste. C'est donc à tort que les cours
souveraines ont *présupposé*, pour employer l'expression de Ricard, que les lois romaines accordaient
à la femme du grevé un recours subsidiaire pour la
restitution de sa dot.

Le grevé étant propriétaire des biens substitués,
a le droit de les donner à bail; mais les baux qu'il
fait ainsi obligent-ils l'appelé, ou sont-ils résolus par
l'événement qui donne ouverture à la substitution?
Nous pensons qu'ils n'obligent en aucune façon l'appelé. En effet, à quel titre serait-il tenu de les exécuter ? Il n'est pas le successeur du grevé, ni à titre
universel, ni même à titre particulier, *capit a gravante non a gravato*, par conséquent, il ne succède
pas à ces obligations: d'un autre côté, le grevé n'est
nullement son mandataire, puisque c'est en qualité de propriétaire qu'il administre.

La loi 120, § 2 *de legatis* 1°, la loi 9, au Code de
locato et conducto, déclarent que le légataire ou
l'acheteur ne succèdent pas aux obligations contractées comme bailleur par leur auteur. En effet,
ils ne lui succèdent pas *in universum jus*; mais cette
décision s'applique à plus forte raison à l'appelé,

qui, nous le répétons, n'est aucunement le successeur du grevé.

Il arrivait souvent que, sans préciser, dans quel
ordre seraient appelés à la substitution les différents
membres de la famille, le testateur se bornait à laisser à quelqu'un des siens son hérédité, en exprimant
sa volonté, *ne familia exeat*. Dans ce cas, le grevé
pouvait choisir dans le cercle de la famille, celui à
qui il voulait transmettre le fidéicommis. Cette désignation était parfaitement valable; puisque les
biens étant conservés dans la famille, elle ne trans-
gressait en rien la volonté du testateur. (Loi 67,
§§ 5, 6 et 7 *de legatis* 2°). Ce droit d'élection, du
reste, ne modifie en rien les rapports qui existent entre le grevé et l'appelé; celui-ci n'en tient pas moins
son droit du disposant, et par conséquent il ne peut
être soumis à aucune charge par le grevé, qu'autant qu'il en reçoit quelqu'avantage, selon les principes que nous avons établis plus haut.

Avant de prendre possession des biens substitués,
le grevé doit en garantir la restitution à l'appelé en
fournissant une caution qui prenait le nom de « satisdatio fideicommissorum vel legatorum servando-
rum causa. » Elle était, d'ailleurs de droit commun
en matière de legs et de fidéicommis, et forme l'objet des deux derniers titres du livre XXXVI au Digeste. Du reste, le disposant peut à son gré dispen-

ser de la caution ceux qui seraient, sans cela, obligés
de la fournir; la loi 2 *Ut in possessionem legatorum*
au Code, ne laisse aucun doute à cet égard : « Ipsis
« rerum experimentis cognovimus, dit l'empereur
« Marc-Aurèle, ad publicam utilitatem pertinere, ut
« satisdationes, quæ voluntatis defunctorum tuendæ
« gratia in legatis et fideicommissis introductæ sunt,
« corumdem voluntate remitti possint. Quocumque
« enim judicio voluntatis cautio legati, vel fideicom-
« missi remitti potest. » Nous trouvons, dans la
loi 18 1° *Ut legatorum* au Digeste, l'application de
ce principe à un cas de substitution. Une femme
avait légué ses biens à son père en le grevant envers un fils qu'elle laissait d'une substitution de *eo
quod supererit*. En outre, elle avait défendu d'exiger la *satisdatio fideicommissi servandi causa*; et,
bien que la mauvaise administration du grevé me-
naçât de reduire à rien le fidéicommis, Scœvola
pense que l'on ne peut demander caution au nom
du fils.

La loi 50, *ad S. C. Trebellianum*, rapporte un
rescrit d'Adrien par lequel cet empereur ordonna
la restitution anticipée d'une substitution que met-
taient en péril la mauvaise administration et la
fraude du grevé. Ricard pense trouver ici une règle
d'une application générale : cette interprétation est
à mon avis, inexacte. L'examen du texte suffit là

faire voir que la décision ne peut être étendue à tous les cas. Il s'agissait d'un certain Vivius Cerealis qui avait reçu une hérédité, à charge par lui de la restituer à son fils Vivius Simonide, lorsque celui-ci cesserait d'être en sa puissance. Il était prouvé que le père avait commis des fraudes nombreuses au préjudice des droits éventuels de son fils, l'Empereur ordonne, dès lors, la restitution de fidéicommis, bien que Vivius Simonide ne soit pas sorti de la puissance de son père, « quia cautiones non pote- « rant interponi conservata patria potestate.» Le fils, bien qu'*alieni juris*, sera propriétaire de l'hérédité restituée, comme un soldat l'est du pécule *castrens*; mais ajoute l'empereur, le père, s'il est dans le besoin, devra jouir des fruits de l'hérédité.

La caution dont nous venons de parler peut être exigée par tous ceux qui ont un droit éventuel à la substitution; elle peut même l'être par l'héritier, quand ce n'est pas lui qui joue le rôle de grevé : il a, en effet, un intérêt moral et de décence publique à faire exécuter la volonté du testateur. Dans le cas d'une substitution graduelle, ceux des appelés auxquels les biens seront attribués devront, à chaque restitution fournir la *satisdatio;* et, quand bien même on serait ainsi arrivé jusqu'au dernier appelé existant, celui-ci devrait encore donner caution; car la famille peut s'accroître encore. « Cautionem

« autem ratione doli mali exceptionis puto juste de-
« siderari : quamvis nemo alius ulterior ex familia
« supersit. » (Loi 69. § 3, *in fine de legatis; 2°* D.)

A qui sera donnée la caution ? Sera-ce, comme le
veut Cujas, à l'héritier (sur la L. 69 *De legatis; 2°,*
liv. 19 Papin. Respons.) ou bien, comme le prétend
la glose, à un esclave public. Le système de Cujas
est sans doute, admissible lorsque le grevé est un
légataire; car l'héritier a toujours un intérêt moral,
parfois même un intérêt matériel (comme dans la
loi 3, § 4, *De adimendis et transferendis*), à l'exécution du fidéicommis. Mais si l'héritier est en
même temps le grevé, il ne peut se donner une
caution à lui même. S'il n'y avait qu'un seul appelé,
ou des appelés parfaitement certains, et qui dussent venir en concours, comme lorsqu'une substitution est établie en ces termes : J'institue Titius, et
je le prie de rendre, en mourant, mon hérédité à
Mævius et à Séius, la caution pourrait être donnée
aux appelés ; mais, dans la plupart des cas, la disposition du testateur appelait toute la famille à la
substitution ; chacun des membres tirait de sa vocation le droit d'exiger que la caution fût fournie; or,
comme il était impossible de savoir *a priori* qui re
recueillerait les biens substitués ; et comme une
personne incertaine ne pouvait recevoir caution, on
suivait probablement la marche indiquée par la

glose, en faisant intervenir, à cet effet, un esclave public.

La loi 69 § 3 nous dit que c'est par l'exception *doli mali* que la caution devait être demandée au grevé. Quand celui-ci est un simple légataire, il est facile de concevoir que les choses dussent se passer ainsi. Le grevé intentait à l'héritier une demande en délivrance des biens substitués, demande qui était paralysée par l'exception *doli mali* jusqu'à ce qu'il eût donné la *satisdatio fideicommissi causa*. Mais il n'en pouvait être de même quand le grevé était l'héritier lui-même. Saisi *ipso jure* de tous les biens du défunt, il n'avait aucune demande à former, par conséquent on ne pouvait lui opposer aucune exception. Quelle marche suivait-on donc en ce cas ? peut-être alors l'appelé s'adressait-il au préteur et demandait-il à être mis en possession, en faisant insérer dans la formule cette restriction *nisi heres caveat se bona restiturum*.

SECTION IV.

Droits et devoirs de l'appelé.

L'ouverture de la substitution a lieu en faveur des appelés par l'événement de la condition qui résout le droit du grevé, ou par la renonciation qu'il fait de son droit, dans les cas où elle peut être valable.

Le plus souvent la substitution s'ouvrira donc à la

4

mort du grevé ; car la condition desurvie des appelés est sous-entendue dans les substitutions. Mais l'ouverture du fidéicommis peut dépendre d'un autre événement ; c'est ainsi que dans la loi 50 *ad S. C. Trebellianum* précitée, nous trouvons une substitution qui devait s'ouvrir par la sortie de puissance paternelle de l'appelé. Nous venons de dire que le grevé n'était pas absolument, dans tous les cas, maître d'avancer à son gré par une restitution anticipée le moment de l'ouverture de la substitution. Il se peut, en effet, qu'il y ait pour l'appelé un intérêt à ce que le fidéicommis ne s'ouvre pas avant l'instant fixé par le testateur. Tel est le cas où l'appelé est un fils de famille : si la restitution n'a lieu qu'au jour indiqué, le plus souvent à la mort du grevé, l'appelé aura la chance d'être devenu *sui juris*, et par conséquent de faire siens les biens substitués, au lieu que si le grevé les lui restituait prématurément alors qu'il est encore en puissance paternelle, il les acquerrait à son père.

En outre, s'il existe plusieurs appelés, chacun d'eux pourrait se trouver seul par le prédécès des autres. Cette espèce est prévue et décidée en ce sens par un rescrit de Sévère et d'Antonin : « Eum qui rogatus « est sub conditione fratris sui filiis restituere, ante « diem fideicommissi cedentem ne quidem ex vo - « luntate eorum posse restituere his in potestate pa-

« tris agentibus : cum possit, dio fideicommissi ce-
« dente, sùi juris constitutis ipsis debero restitui, vel
« si aliquis ex his anto decesserit, non omnibus. »
(l. 114 § 11 *de legatis* 1° D.). On voit donc qu'il no
faut pas admettro sans restriction la permission
donnée en termes généraux par une constitution de
l'Empereur Philippe, do devancer le moment fixé
par la disposition pour la restitution des biens fidéi-
commissés, (l. 12 do *fideicommissis* C.); mais qu'il
faut, au contraire, la tempérer par le principo sur
lequel est fondée la décision de la loi 15 *de annuis
legatis* au Digesto, à savoir que lo grevé ne peut
abréger lo délai qu'autant qu'il a été établi exclusi·
vement pour son propre avantage.

Nous avons vu précédemment que dans lo der-
nior état du droit, il avait été permis d'établir des
substitutions fidéicommissaires, mème par donation.
Dans les actes de cette nature, le donataire, sous
condition suspensive, s'il meurt *pendente conditione*,
n'en transmet pas moins à ses héritiers le droit
éventuel qu'il tire du contrat : mais en ce qui tou-
cho les substitutions, il fut dérogé à cette règle.
Sans qu'il y ait lieu de distinguer son mode d'établissement, le fidéicommis est toujours caduc si
l'appelé meurt avant l'évènement qui lui doit donner
ouverturo. En effet, la constitution de Justinien,

qui assimile le fidéicommis au legs, n'a fait aucune distinction. (l. 3. *communia de legatis D.*)

Le substitué, de même que le légataire, n'acquiert
pas la propriété du fidéicommis, *ipso jure* par le fait
de l'ouverture; il faut en outre son acceptation. En
effet, il résulte de l'assimilation du fidéicommis aux
legs, que la propriété des uns et des autres s'acquiert
de la même manière. Or, le légataire ne devient
propriétaire que par l'acceptation, de même que l'héritier par l'adition, c'est ce qui est exprimé dans la
loi 44 §1 *de leg. 1is* 1°. « Si quis rem sibi legatam
« ignorans adhuc legaverit, postea cognoverit, et vo-
« luerit ad se pertinere, legatum valebit. » Et Cujas
est sur ce point fort explicite : « Id est non aliter
acquiri hereditatem, quam si eam adierit, vel se
pro herede gesserit. Et non aliter acquiri legatum,
quam si post impletam conditionem legatum agno·
verit. » De ce principe, que le substitué succède
sans interruption au constituant, alors même qu'aux
termes de la disposition, il a été choisi entre plusieurs par le grevé, il résulte que, si un appelé est
institué héritier par le grevé, les biens de la substitution ne doivent en aucune façon être imputés sur la
réserve ou sur la Falcidie à laquelle il a droit comme
héritier. Telle est la décision formelle de la loi 54,
ad legem Falcidiam au Digeste : et la raison en est
bien simple, les biens substitués sont dus à l'appelé

par le grevé, et partant ne peuvent être rangés au nombre des libéralités qu'il en reçoit.

Hors des cinq cas où nous avons reconnu au grevé la faculté d'aliéner ou d'hypothéquer, l'appelé, par cette même raison qu'il n'a pour auteur que le disposant, n'a pas à respecter tous les actes faits par le grevé, et qui pourraient amoindrir ses droits. Il peut donc revendiquer aux mains de tous possesseurs les biens de la substitution (loi 69 § 3 *de legatis* 2°, D.) Mais l'acquéreur de bonne foi doit-il être à l'abri de cette revendication? Paul et Scævola paraissent l'admettre (Sentences de Paul, liv. IV, tit. 1. § 15, loi 89 § 3 *de legatis*; 2° D.) Quoi qu'il en soit par la loi 3 *communia de legatis* au Code, Justinien accorde dans tous les cas la revendication au substitué, que l'acquéreur soit de bonne ou de mauvaise foi. Mais, dans le premier cas celui-ci aura son recours contre son vendeur non seulement pour obtenir la restitution du prix d'acquisition, mais pour la *stipulatio duplæ* et pour les améliorations qu'il a faites, tandisque l'acheteur de mauvaise foi ne peut agir que pour être remboursé du prix qu'il a payé.

Mais une difficulté s'élève ici. A quel moment l'appelé pourra-t-il revendiquer? Le peut il dès le moment de l'aliénation, ou doit-il attendre l'événement qui donne ouverture au fidéicommis? Cujas

proposo ici une distinction; selon lui, si le grevé a volontairement aliéné les biens fideicommissés, il a ouvertement contrevenu à ses obligations; il a violé la
loi qui lui était imposée; dès lors son droit s'éva-
nouit, celui des appelés s'ouvre, et la revendication
immédiate leur est accordée. Que si, au contraire,
l'aliénation des biens substitués a eu lieu malgré
lui, sur les poursuites de ses créanciers, il n'a pas
contrevenu aux volontés du constituant, puisque
c'est bien malgré lui que l'aliénation a eu lieu. Dans
ce cas, les acquéreurs seront à l'abri de la revendication des appelés jusqu'au jour fixé pour l'ouverture
de la substitution, dans la plupart des cas, jusqu'à
la mort du grevé. En effet, résoudre la vente immédiatement, ce serait le punir d'une faute qu'il n'a
pas commise; d'un autre côté, ce serait enlever aux
créanciers le droit incontestable de gage qu'ils ont
sur tous les biens de leur débiteur.

Malgré toute l'autorité de Cujas, nous ne pensons
pas que ce système puisse être admis. Voyons d'a-
bord jusqu'à quel point sont décisives les lois qu'il
invoque en sa faveur. Qu'on relise attentivement le
§ 3 de la loi 69 *de legatis* 2°, et l'on n'y verra rien
qui décide nettement la question dans un sens ni
dans un autre; nous l'avons déjà examiné bien
souvent; il accorde fort clairement à l'appelé le
droit de revendiquer, mais il ne dit pas à quelle

époque. Vainement voudrait-on se faire un argument de ces mots : « Quandoque domus ad exterum
« pervenerit fideicommissi petitio familiæ compe-
« tit. » Il faut les rapprocher de la phrase précédente, dans laquelle il est dit que, si le premier
appelé a été mis en possession sans que l'on ait
exigé de lui une caution, aucune *condictio* ne sera
donnée contre lui; mais, ajoute le texte, si la maison
substituée vient à être aliénée plus tard, les appelés
pourront revendiquer. Dans tout ceci, rien de bien
décisif. Ce qui serait peut-être plus explicite, c'est
le § 1 de la même loi : « Prædium, quod nomine
« familiæ relinquitur, si non voluntaria facta sit
« alienatio, sed bona heredis veneant, tamdiu
« emptor retinere debet quamdiu debitor haberet
« bonis non venditis ; post mortem ejus non habi-
« turus, quod inter heres præstare cogetur. » Sans
doute s'il faut appliquer ici la règle *qui dicit de uno
negat de altero*, on doit conclure que dans l'opinion
de Papinien, les biens aliénés volontairement par
le grevé peuvent être aussitôt revendiqués par l'appelé. La loi 21 de *fideicommissariis libertatibus*
ne nous semble pas non plus de nature à trancher la
question. En effet, le cas qu'elle prévoit est tout
exceptionnel, et si l'aliénation volontaire de l'esclave Stichus ouvre en sa faveur la *petitio libertatis*,
c'est que la disposition a été faite en faveur de

l'esclave lui-même, et non pas pour conserver la propriété à un ou plusieurs appelés.

Nous repoussons, quant à nous, comme illogique la distinction de Cujas. Si l'on reconnaît aux créanciers du grevé le droit de vendre les biens de la substitution, de façon que les acquéreurs puissent les conserver jusqu'à l'ouverture du fidéicommis, n'est-ce pas reconnaître par là-même au grevé celui de les aliéner indirectement? car ce droit des créanciers ne repose que sur le gage qu'ils ont sur tous les biens de leur débiteur. Pourquoi lui permettre l'aliénation indirecte, tandisqu'on lui interdit l'aliénation directe ? Pour être dans le vrai, il faut donc opter entre deux systèmes opposés, ou admettre la revendication immédiate des appelés, même contre ceux qui ont acheté les biens substitués vendus par les créanciers du grevé, ou la rejeter dans tous les cas.

C'est à ce dernier parti que nous croyons qu'il convient de s'arrêter, à moins que le disposant n'ait manifesté une intention contraire. Nous savons, en effet, que les aliénations faites par le grevé pour le temps de sa propriété et jouissance doivent être respectées : si donc il a vendu purement et simplement les biens substitués, cette aliénation devrait être considérée comme valable, en tant qu'on la restreindrait dans la limite de ses droits.

C'est-à-dire que l'acquéreur serait considéré comme ayant acheté les droits temporaires et résolubles du grevé. Ce n'est pas là porter atteinte aux droits des appelés. Qu'on ne dise pas que ceux-ci ont intérêt à ce que les biens restent entre les mains du grevé qui peut être solvable, tandisque l'acquéreur ne l'est pas : peu leur importe, puisqu'ils ont d'une part une action réelle pour les revendiquer quand leur droit sera ouvert, et d'autre part, puisque la caution reste toujours engagée envers eux.

D'ailleurs, au moment de l'aliénation on ne sait pas encore si elle ne sera pas consolidée par l'extinction de tous les appelés. Le grevé a donc vendu son droit temporaire et l'espérance qui lui appartient de le voir se convertir en un droit incommutable et perpétuel; il n'y a pas, à ce qu'il nous semble, lieu de révoquer immédiatement cette aliénation.

Que décider lorsque le grevé, après avoir vendu les biens substitués, a pour héritier l'un des appelés. A s'en tenir au droit commun, il faudrait dire que celui-ci n'est pas recevable à les revendiquer, puisqu'il succède à l'obligation de garantie qui pesait sur le défunt : « Quem de evictione tenet actio eumdem agentem repellit exceptio. » Il n'en est rien cependant, et la loi 67, § 3, *de legatis*, 2° nous déclare formellement, que l'appelé héritier du grevé pourra tout aussi bien que ceux qui ne le sont pas revendiquer le fidéicommis. Plusieurs auteurs ont pensé que s'il en est ainsi, c'est parce que les biens dont s'agit, sont, par l'effet de la substitution, mis hors du commerce ; qu'ainsi l'aliénation qui en est faite est radicalement nulle, à tel point que le grevé lui-même qui l'a consentie n'en est pas lié, et pourrait exercer la revendication. A l'appui de cette opinion l'on cite une loi du Code, la loi 7, *de agricolis et censitis*, qui, attachant à la glèbe les esclaves et les censitaires, permet au propriétaire qui les a vendus séparément du fonds de les revendiquer. Nous ne voyons pas que de cette loi rendue dans une autre matière, par les empereurs Valentinien et Valence, en pleine décadence des institutions romaines, loi toute politique et qui, loin de découler des principes, ne renferme qu'un expédient amené par la désertion de la charrue, nous ne voyons pas, disons-nous, qu'on puisse tirer aucun argument applicable au sujet qui nous occupe.

Il n'est pas juste de dire que l'aliénation des biens substitués soit radicale et absolue. Nous savons qu'elle produira son effet pendant la vie du grevé, par conséquent, il ne pourrait pas évincer lui-même ses acquéreurs; bien plus, elle peut se consolider et devenir parfaite par le prédécès de tous les appelés ou par leur acquiescement ; l'idée de Fernand de Retez est donc fausse, et il faut se résigner à voir ici une dérogation aux principes, dérogation commandée du reste par la nature et le but des substitutions fidéicommissaires. Ne serait-il pas contraire au vœu le plus cher du disposant, d'interdire à l'appelé héritier du grevé la revendication des biens aliénés, puisque c'est précisément en sa faveur et pour les lui conserver qu'a été établie la substitution. On arriverait ainsi à annuler le plus souvent la disposition du testateur, car le plus souvent aussi dans l'ordre naturel des choses, l'héritier soit testamentaire soit *ab intestat* du grevé est précisément au nombre des appelés.

Nous avons vu plus haut que l'appelé doit supporter tout ce que le grevé a dû payer en cette qualité des dettes du disposant. Le fidéicommis se trouve également diminué des dispenses nécessaires faites par le grevé, et si l'argent de ces impenses a été fourni par un tiers, ce dernier a un droit de privilége sur les biens de la substitution (loi 25, *de rebus creditis*, D. loi 1, *in quibus causis pignus vel hypotheca*.

Quant aux dettes du grevé, les appelés n'en sont point tenus. Cependant si le grevé décédait dans un état de pauvreté tel qu'il ne laissât pas de quoi faire face aux frais funéraires, l'appelé ne devrait il pas, à défaut d'héritier, y subvenir ? Plusieurs commentateurs le pensent. En effet, rien n'est plus favora-

ble que ces dépenses, un intérêt de piété et de décence publique leur donne au plus haut degré ce
caractère. Cette faveur les fait garantir par une action *ex æquo et bono*, perpétuelle, (loi 14, § 6, *de
religiosis* D). loi 31, *ejusdem tituli*) et dont sont tenus ceux qui ont un intérêt d'honneur et de piété à
ce que le défunt ne soit pas privé de sépulture. Les
substitutions sont établies pour conserver le rang de
la famille; rien n'est donc plus conforme à leur esprit que d'assurer des funérailles convenables au
grevé, qui presque toujours tient aux appelés par
les liens du sang.

SECTION IV.
Comment s'éteignent les substitutions.

Les substitutions sont, nous le savons, des fidéi
commis conditionnels, puisque la mort du grevé qui
fixe le moment de l'ouverture est un *dies incertus*, et
par conséquent tient lieu de condition. Si donc un
des appelés est décédé ou devenu incapable lors de
l'ouverture, le fidéicommis fait en sa faveur s'éva-
nouit et ses héritiers ne pourront pas concourir avec
les autres appelés. Mais si tous sont décédés ou
incapables, la substitution est éteinte, et la propriété en est consolidée aux mains des héritiers ou
ayants cause du grevé (loi 10, § 1, *de his quæ ut
indignis. —Loi 17, de legatis 2° D*.).

Si les biens substitués périssent sans qu'il y ait

dol ou faute grave de la part du grevé, la substitution s'éteint, comme s'éteignent les legs en pareille circonstance. « Sed enim, si quis rogatur restituere « hereditatem, et vel servi decesserint, vel aliæ res « perierint : placet non cogi eum reddere quod non « habet ; culpæ plane reddere rationem, sed ejus « quæ dolo proxima est. » (l. 26, *de legatis* 1°).

Les fidéicommis, comme cela résulte de leur nature de disposition à cause de mort peuvent toujours être révoqués par le disposant. Cela a été l'objet d'une controverse entre les docteurs pour le cas où il s'agit d'une substitution établie par donation entre vifs.

La renonciation du substitué éteint aussi la substitution ; mais à cet égard il faut distinguer si elle a précédé ou suivi l'ouverture du fidéicommis. Si elle est postérieure, elle est irrévocable et de quelque façon qu'elle ait été conçue, elle produit une exception de dol pour repousser la demande du renonçant. (Loi 26 *de fideicommissis.* C.) Mais si elle a eu lieu avant l'ouverture, une sous-distinction est nécessaire, selon qu'elle a eu lieu dans la forme d'un pacte, ou qu'elle a été pure et simple.

Si elle a fait l'objet d'un pacte, elle est valable ; (la loi 21, § 4 *de pactis* au Digeste nous apprend que le pacte formé en matière de legs conditionnel produit des obligations.) Si la restitution est soumise à une condition, ce qui se présentait fréquemment, par exemple, dans le cas où un testateur instituait Titius son fils, en le priant de restituer l'hérédité à Marcius son père s'il mourait sans postérité; si donc, dans l'espèce, Titius avait renoncé par une convention au profit de Marcius, et que plus tard la condition devînt caduque parce que Titius serait mort en laissant un fils, les conventions intervenues entre le grevé et l'appelé n'en devraient pas moins recevoir leur entière exécution. (Loi 1 et 16, *de pactis* au Code.)

Si au contraire la renonciation est pure et simple, elle n'est nullement valable et ne produira aucune exception, si les appelés revendiquent les biens substitués après que la substitution s'est ouverte en leur faveur. L'assimilation des fidéicommis aux legs nous oblige à appliquer ici la règle écrite dans la loi 45, § 1 *de leg.* 2ᵉ. « Si sub conditione, vel ex certo die « nobis legatum sit, ante conditionem vel diem cer- « tum, repudiare non possumus; nam nec pertinet « ad nos antequam dies veniat vel conditio existat. »

Nous avons trop souvent fait remarquer que chacun des appelés a une vocation propre et indépendante de celle des appelés du degré supérieur, pour avoir besoin d'insister sur ce point, que la renonciation faite par l'un des substitués n'est pas opposable à ceux qui viennent en concours avec lui, ou eu rang ultérieur. (Loi 26 *de fideicommissis* au Code).

On sait qu'en droit romain, si le testament devenait caduc par le prédécès, la non adition, ou l'incapacité de l'héritier, ou de tous les héritiers institués, toutes les dispositions qui s'y trouvaient contenues, legs, fidéicommis, délation de tutelle, tombaient avec lui. La substitution s'évanouissait donc par la caducité de l'institution qui en était grevée. Cette décision est formellement écrite dans la loi 81 *de legatis* 2° au Digeste, confirmée par la décision contenue dans la loi 39 § 3, *de periculo et administratione tutorum* : c'est même pour remédier à cet inconvénient que fut rendu le Sénatus-Consulte Pégasien par lequel le fidéicommissaire peut forcer l'héritier à faire adition de l'hérédité qui doit lui être restituée.

Des règles plus indulgentes étaient appliquées au testament militaire ; c'est ainsi que la loi 13 § 4 *de testamento militis* nous cite un rescrit de l'empereur Sévère qui valide un fidéicommis laissé par un soldat à son esclave, bien que l'héritier institué et le substitué vulgairement soient tous deux morts sans avoir fait adition d'hérédité. D'après la loi 42 *de fideicommissariis libertatibus*, un rescrit d'Antonin le Pieux fut rendu dans le même sens. La même faveur fut aussi étendue au testament du *paganus*,

mais seulement en faveur de fidéicommis de liberté
En outre, on avait admis que, malgré la caducité de
l'institution, le fidéicommis devrait être exécuté par
les héritiers *ab intestat*, si le testateur avait eu soin
d'insérer dans son testament, la clause suivante :
« volo hoc etiam vice codicillorum valere. » Loi 3 *de
testamento militis* D.)

Dans l'ancien droit romain, lorsquun fidéicommis était nominativement mis à la charge de l'institué, et que l'hérédité était recueillie, non par lui,
mais par le substitué vulgairement, ce fidéicommis
était caduc ; mais un rescrit de Sévère et d'Antonin
innovant sur ce point, décida qu'il serait censé répété à la charge de ce substitué. (Loi 74 *de leg.*
1° D.) Cette décision ne fut pas restreinte au cas pour
lequel avait été rendu le rescrit des deux empereurs; mais on l'étendit à ceux où une personne re-
cueillait les biens que le testateur avait destinés à
une autre. Justinien nous en donne la raison : « Ne-
« que enim ferendus est is qui lucrum quidem am-
« plectitur, onus ei annexum contemni. » (Loi uni-
que, § 4 *de caducis tollendis* au Code.) Voyez aussi
loi 61, § 1 *de leg.* 2° D.— Loi 4 *ad S. C. Trebellianum* C.) Par application de ce principe il faut décider que la renouciation, le prédécès, ou l'incapacité du légataire grevé d'une substitution, ne la fait
point évanouir, mais seulement la met à la charge,

selon les cas, soit du légataire conjoint auquel ac-
croîtra la portion vacante. soit à celle de l'héritier.

Ni le Digeste, ni le Code ne présentent aucune
trace de limitation apportée à la perpétuité des substitutions; le *fideicommissum familiæ perpetuo relictum* ne s'éteignait que par la mort du dernier mem-
bre de la famille. La novelle 159 est le seul texte de
droit romain qui puisse faire penser qu'à un moment, les substitutions se soient éteintes par l'accomplissement d'un certain nombre de restitutions.
Comme elle est fort longue et peu claire, nous allons
tâcher d'en préciser l'espèce assez compliquée.

Un certain Hiérus avait par son testament, distri-
bué ses biens, consistant en maisons et en fonds
suburbains, à ses quatre fils : Constantin, Anthé-
mius, Callipius et Alexandre, leur enjoignant de ne
jamais aliéner ces biens, mais de les laisser à leur
postérité légitime ou même naturelle. ou à défaut
de l'une et de l'autre, à leurs frères survivants. En
outre, il les dispensait de la *satisdatio fideicommissi
servandi causa*. Un peu plus tard, tout en conservant, pour le surplus, les dispositions de son testament, Hiérus apporta par un codicille, quelques
modifications à celles qu'il avait faites en faveur de
son fils Constantin. Des deux maisons et du fonds
suburbain Coparia qui lui avaient été attribués par
le testament, ce dernier ne conservait que les mai-

sons, et quant au fonds Coparia, Hiérus le donnait à son petit-fils aussi nommé Hiérus, fils de Constantin, en prescrivant qu'il ne devrait jamais être aliéné, ni par Hiérus, ni par ceux qui le recueilleraient dans sa succession, soit en vertu de son propre testament, soit en vertu de celui de son petit-fils. Il lui substituait d'ailleurs pupillairement et fidéicommissairement à la fois, pour le cas où il viendrait à mourir soit impubère, soit sans postérité légitime, son père Constantin, toujours avec charge de conserver les biens dans la famille.

Quelque temps après le décès d'Hiérus, son fils Constantin mourut aussi, laissant à son fils le second Hiérus, les deux maisons qu'il avait recueillies en vertu du testament du disposant. Le nouveau propriétaire, peu soucieux de la substitution dont elles étaient grevées, en vendit une à un étranger. Quant à l'autre maison et au fonds Coparia, dont le codicille de son grand père lui avait directement attribué la propriété, il les laissa dans sa succession à son fils Constans. Ce dernier mourut aussi, instituant pour héritier l'enfant dont sa femme était enceinte, et lui substituant vulgairement et pupillairement, soit qu'il ne dût pas naître, soit qu'il dût mourir avant l'âge de puberté, sa femme Marie et sa mère aussi nommée Marie.

Il arriva alors qu'Alexandre, le seul des fils du

vieil Hiérus qui eût survécu, revendiqua la maison et le fonds Coparia, se fondant sur ce que les termes du testament de son père les avait substitués à perpétuité en faveur de la famille, dont il remplissait le premier degré. On lui répondait que lui-même, comme les autres fils du vieil Hiérus, avait, au mépris de la volonté paternelle, aliéné l'immeuble qui lui était échu, et qu'il avait par conséquent perdu le droit de réclamer contre les aliénations faites par les autres héritiers. L'affaire avait été longuement plaidée, et n'en était guère plus avancée, lorsqu'elle fut portée devant le préfet du prétoire.

Tribonien, chargé de vider cette contestation fait remarquer que la défense d'aliéner contenue dans le testament du premier Hiérus n'avait été imposée qu'à ses fils, et que chacun d'eux n'avait dû restituer à ses frères que dans le cas où il serait mort sans postérité; que Constantin n'était point dans ce cas, et que par conséquent les maisons qu'il avait restituées à son fils Hiérus étaient dégagées de toute substitution entre les mains de celui ci ; qu'à *fortiori* son fils Constans avait pu les transmettre à qui bon lui semblait.

Quant au fond Coparia, le jurisconsulte reconnaît que le codicille en avait à tout jamais prohibé l'aliénation, et l'avait grevé d'un fidéicommis perpétuel au profit de la famille du testateur ; mais il déclare qu'en aliénant sa portion de biens substitués, Alexandre a rendu sa revendication actuelle irrecevable; que d'ailleurs après quatre générations écoulées la cause est trop ancienne, et que ce serait excéder les bornes d'nne juste diligence que de venir rechercher si la substitution doit subsister encore. Il ajoutait en outre que les deux Marie, femme et mère de Constans, étaient encore vivantes, et d'ap⸱ ᵗˢ lois en vigueur devaient être comptées au nombre des membres de la famille; il insistait enfin sur ce que lafille de Constans étant morte impubère la loi eût déféré son hérédité à sa mère si Constans n'eût pris soin de la régler par une substitution pupillaire; que la disposition n'avait donc en elle rien d'extraordinaire, puisqu'elles étaient conformes aux dispositions de la loi elle-même. En conséquence, il repousse la demande d'Alexandre, et déclare en même temps mal fondées toutes celles que pourraient intenter sur le même sujet les autres descendants d'Hiérus.

Il finit en déclarant que cette décision doit s'appliquer non seulement à l'espèce qui lui est soumise, mais toutes les fois qu'après une pareille prohibition il se sera écoulé le même nombre de générations, et que les derniers héritiers recueilleront les biens dans la succession d'un impubère: en pareil cas la constitution déclare la prohibition sans effet, et permet d'aliéner hors de la famille les biens qui y avaient été soumis.

Tel est, si nous ne nous trompons, le résumé des idées qui sont développées dans la novelle 159 d'une façon fort obscure et avec la prolixité justinienne. Faut-il en conclure que depuis lors, les substitutions se soient éteintes par quatre degrés de restitution? Malgré la fin du troisième chapitre, il est difficile de le penser. Il faut remarquer en premier lieu que Tribonien ne se fonde pas sur l'événement de quatre restitutions : dans l'espèce il n'y en a que deux, puisque le fonds Coparia a été légué directement par le vieil Hiérus à Hiérus second, qui l'a restitué à son fils Constans, qui lui-même l'a transmis à sa fille morte impubère. Tribonien ne s'est donc pas occupé des degrés de substitution. Mais uniquement des générations qui s'étaient écoulées depuis l'auteur commun.

Du reste, ce motif n'est pas le seul, l'irrecevabilité du demandeur à raison des aliénations consenties par lui-même, l'état d'impuberté dans lequel est morte, la fille de Constans, circonstance qu'il paraît exiger, nous ne savons pourquoi, pour appliquer sa décision à d'autres cas, peut-être même la faveur ou, comme l'insinue Cujas, la vénalité de sa conscience, tout cela a pu contribuer à faire rendre à Tribonien la décision de la novelle. Mais conclure de cette décision obscure, isolée et d'ailleurs toute dominée par des questions de fait à une limitation apportée à la perpétuité des substitutions, ce serait être trop affirmatif.

CHAPITRE II.

COMMENT LES SUBSTITUTIONS FURENT CONSERVÉES APRÈS LA CHUTE DE ROME.

L'institution Romaine des substitutions devait survivre à l'empire. On sait, en effet, que les barbares tolérants pour les habitudes des vaincus, vivement frappés d'ailleurs de l'harmonieux ensemble des lois Romaines, les laissèrent subsister, et ne tardèrent pas à se les approprier en grande partie. En Gaule, cela fut vrai surtout du premier ban des vainqueurs composé des Burgondes et des Visigoths établis dans les provinces méridionales. Aussi fût-ce principalement, dans les provinces soumises à leur domination, que les traditions du droit romain se perpétuèrent, et finirent même par étouffer à peu près les traditions germaniques.

Mais des pays de droit écrit les substitutions ne tardèrent pas à se répandre dans le reste de la France. La force des choses opéra tout naturellement ce travail d'extension. A peine les nouveaux conquérants de la Gaule, les Francs s'y furent-ils établis, que la lutte commença entre les rois et leurs anciens compagnons qui cherchaient à transformer en propriétés héréditaires les bénéfices viagers dont ils étaient investis, à charge de fournir le service militaire. Ce fut ainsi que s'organisa dans ses différents degrés la polyarchie féodale. Deux courants d'idées contraires exercent alors sur notre droit une influence parallèle. D'une part, l'égalité des partages tend de plus en plus à devenir le droit commun; les filles écartées par le droit des Germains qui donnait toutes ses préférences à l'homme, au guerrier, sont admises à partager avec leurs frères la succession du père, et certaines coutumes pousseront même jusqu'à l'exagération ce principe en soi juste de l'égalité des enfants. Mais à côté de ce droit, il s'en forme un nouveau, droit dont l'origine est toute politique, et qui s'applique aux terres nobles, celui-là favorise la concentration de la terre entre les mains d'un seul, qui devient ainsi le chef de la famille, le seigneur et le roi du petit état féodal. En effet, au milieu des troubles qui désolaient le pays livré aux incursions des Normands, aux guerres privées, au brigandage, chacun sentait le besoin de se rallier autour d'un homme puissant, d'un chef de guerre, qui pût offrir une protection et maintenir intact le patrimoine de la famille. C'est à ces idées que se rattachent l'introduction du droit d'aînesse dans le

succession des fiefs, et l'adoption des substitutions.
Mais de sociale qu'était cette institution à Rome où
elle n'avait d'autre but que de faire vivre la famille
elle devint politique au moyen-âge, où elle tendit
à maintenir entre les mains de la race incarnée dans
son représentant la fortune et le pouvoir : c'est ce
qui explique qu'elles furent établies le plus souvent
en faveur des mâles et des aînés. Bien plus, lorsque
la féodalité triomphante s'assit sur le trône avec les
ducs de France, la substitution et le droit d'aînesse
devinrent la loi de succession du royaume, qui jus-
que là s'était trop souvent divisé comme un patrimoine à la mort des rois des deux premières races.
Ces idées ont dicté à Pasquier le passage suivant de
ses recherches : « Il semble que cette brave inven-
tion du droit d'aînesse, ensemble des retraits et inhi-
bitions de tester, soit venue sous la lignée de Hugues
Capet, et que s'étant notre royaume divisé en
échantillons et parcelles, chaque ducs et comtes,
pour se prévaloir davantage en leurs nécessités de
guerre, voulurent que la plus grande part et portion
des fiefs de leurs vassaux, vint entre les mains d'un
de leurs enfants; et fut cet un approprié en la personne de l'aî :. ..

Il est bon pour la protection d'un pays qu'entre
gens, destinés pour la guerre, il y en ait un entre
les autres qui ait la plus grande part au gâteau,

parce que celui-ci ainsi avancé, supporte plus longuement la dépense d'une longue guerre, et les
autres qui seulement s'attendent à leur vertu, se
hasardent plus avantureusement aux périls, pour
trouver un moyen de se pousser et d'être connus à
leur prince. »

Voilà donc les substitutions admises au nord
comme au midi; cependant il existait entre elles des
différences selon les différentes coutumes. Dans les
pays de droit écrit, on les bornait en général à quatre
générations par application de la novelle 159. Au
contraire, dans les pays coutumiers il existait sur
leur durée une grande diversité de sentiments. Tandisque certains auteurs les réputaient valables pour
dix degrés, d'autres voulaient qu'elles le fussent
seulement pendant un siècle; enfin nos grands ro-
manistes, Cujas et Dumoulin, profondément péné-
trés de la doctrine des jurisconsultes, enseignaient
que la volonté du disposant était en cette matière la
seule règle à suivre. Cette dernière opinion, qui favo
risait la perpétuité des substitutions, semblait prévaloir, lorsque les ordonnances royales commencè-
rent à en combattre l'abus, et à en limiter l'usage.

On aurait, cependant, tort de croire que dans
toutes les provinces, les substitutions furent accueil-
lies avec la même faveur; bien loin de là, le droit de
substituer était singulièrement restreint, ou même

interdit dans dix coutumes, qui comprenaient en étendue, selon M. Bigot Préameneu, le cinquième du territoire de la France.

La coutume du Bourbonnais interdit les substitutions testamentaires. Art. 324 : « Substitution « d'héritier faite en testament ou autre disposition « de dernière volonté, n'a lieu et ne vaut aucune- « ment audit pays, par légat, n'autrement, en « quelque manière que ce soit, et n'a aucun effet « de légat. » Ces termes ne prohibent que les substitutions qui portent sur l'hérédité, et semblent devoir laisser licites les dispositions testamentaires d'objets particuliers. Quant aux substitutions par donations entre vifs ou contrats de mariage, elles sont également en dehors de cette prohibition. Papon l'affirme, en disant sur cet article : « In contractibus autem posse substitui nemo nescit. »

L'art. 53 du titre 12 de la coutume d'Auvergne, conçu dans les mêmes termes, doit être entendu dans le même sens ; il en est de même de l'art. 130 de celle de Sédan qui s'exprime ainsi qu'il suit : « Institution d'héritier n'a lieu au préjudice de l'héritier « prochain habile à succéder, ni semblablement « substitution, soit par testament ou autre disposi- « tion de dernière volonté. » A la différence des deux premières, cette coutume ne s'explique pas sur la question de savoir s'il est permis d'exécuter, à titre de legs, les substitutions d'héritiers qu'elle déclare nulles.

La coutume de la Marche va plus loin : elle interdit toutes les substitutions testamentaires, qu'elles portent sur l'hérédité ou sur un objet particulier : art. 255. — « Substitution faite en testa-« ment ou autre disposition de dernière volonté, « n'a lieu et ne vaut audit pays, par légat n'autre-« ment en quelque manière que ce soit. »

D'autres coutumes présentent une prohibition plus étendue, et interdisent les substitutions, de quelque manière qu'elles soient établies. Telle est la coutume de Montargis, tit. 13, art. 1. « Onne « peut instituer héritier ou substituer par testament « et ordonnance de dernière volonté, ne autrement, « car institution d'héritier n'a point de lieu selon la « coutume. » Mais ces institutions ou substitutions vaudront-elles au moins comme legs ou donation jusqu'à concurrence de ce dont la coutume permet de disposer? Lhoste, dans son commentaire, tient pour l'affirmative, mais un arrêt du 31 août 1722 rapporté au journal des audiences, consacre l'opinion contraire. L'article 163 du titre 13 de la coutume de Bassigny ne permet pas d'élever la même contesta-tion. « Substitution d'héritier, y est il dit, faite en tes-« tament ou autre disposition, ne vaut aucunement,

« soit par forme de légat n'autrement.» Remarquons que la défense contenue dans ces deux coutumes ne porte pas sur les substitutions particulières. Il en est de même de la coutume de Nivernais, qui s'exprime à peu près de la même façon: art. 10, titre 33 : « Institution ne substitution d'héritier, par testa-» ment n'autrement n'ont point de lieu, en maniè-« re que nonobstant ces dites institutions ou substi-« tutions, l'héritier habile à succéder héritera et « sera saisi de la succession. » On pourrait inférer de ce texte que l'institution et la substitution d'héritier restent absolument sans effets ; mais Coquille nous apprend qu'elles vaudront comme legs.

En Bretagne, les substitutions n'étaient pas admises, ou du moins elles étaient subordonnées à l'obtention de lettres patentes qui devaient être enregistrées au parlement de Rennes, lors même qu'il s'agissait de biens situés dans cette province, mais dépendants d'une succession ouverte dans le ressort d'une coutume où les substitutions avaient lieu. Un acte de notoriété, signé de vingt-cinq avocats au parlement, et légalisé par les avocats généraux, a certifié que ces maximes étaient « une conséquence nécessaire du droit public de la province, et de la loi fondamentale des partages de toute succession noble ou roturière. » Du reste, l'ordonnance de

1747 ne fut jamais reçue en Bretagne que sous réserve expresse de ces principes : l'arrêt d'enregistrement porte qu'elle n'aura effet « que pour les substitutions autorisées par lettres patentes de Sa Majesté, duement enregistrées en la cour. » Au surplus, on peut bien dire que les substitutions n'étaient pas reçues en Bretagne; car le parlement n'en enregistra que deux, l'une en faveur de la maison de Rieux, l'autre en faveur de celle de Rohan-Chabot.

La coutume de Normandie interdisait les donations ou les legs faits par un père de famille à ses descendants : « L'en doibt sçavoir que quand le « père a plusieurs filz, il ne peut pas faire de son « héritage l'un meilleur de l'autre. » (Ancienne coutume — chap. XXXVI). Elle va plus loin et défend de faire aucune donation, même à ses héritiers collatéraux et à leurs descendants. Or, les substitutions renfermant nécessairement une double libéralité, il s'ensuit qu'aucune de ces personnes ne peut, sous l'empire de cette coutume, jouer le rôle de grevé ou d'appelé. Un passage du chapitre XXV nous marque cependant que dans certains cas les substitutions étaient admises : « Escheance « d'aventure par condition vient quand fief est baillé « par telle manière, que quand cil qui prent sera « mort, il reviendra à celuy qui le baille à aultre,

« si comme la condition est faicte entre celuy qui le.
« baille et celuy qui le prent. » Ces substitutions
peuvent porter sur les donations qui sont permises
par la coutume, c'est-à-dire celles qui sont faites
à ceux qui ne sont ni descendants ni héritiers.

La nouvelle coutume ne prononce pas le mot de
substitutions; mais, par là même que les donations
faites au profit des descendants ou les collatéraux
héritiers immédiats sont prohibées, les substitutions
en faveur des mêmes personnes sont implicitement
défendues

Au reste, les Placités de Normandie sont plus ex-
plicites : « On ne peut, en Normandie, porte l'ar-
« ticle 54, instituer un héritier, ni substituer à la
« part que la coutume donne aux héritiers.» L'article 55 porte que : « Le donateur peut, entre-
« vifs et par testament, ordonner que les choses
« par lui données passeront, après la mort du dona-
« taire, à celui ou à ceux qu'il a nommés par la
« donation ou testament. » Cet article ne déroge
pas à la coutume; mais il ne se réfère qu'aux
donations qu'elle permet, ainsi qu'il résulte de
l'article 92 des mêmes Placités. Les substitutions
sont donc interdites dans la descendance directe
du disposant; de même, elles ne peuvent porter sur la portion laissée à l'héritier collatéral; mais
le parent éloigné ou l'étranger peut en être grevé.

C'est ce que reconnaissait Basnage, avant la rédaction des Placités; en commentant l'art. 422 de la coutume : «Bien que les substitutions d'héritier soient inconnues en Normandie, il est permis, néanmoins, de substituer en matière de donations testamentaires ou entre vifs ; et chacun a la liberté d'apporter telles conditions qu'il lui plaît aux choses dont la coutume lui accorde la disposition, pourvu qu'elles ne soient pas contre les bonnes mœurs, etc....» Et sur l'art. 431, il observe que, « par la jurisprudence des arrêts, ce que la coutume lui permet de donner peut valablement em pêcher d'aliéner. »

La coutume de Hainaut distingue deux sortes de substitutions : l'une, qui conserve ce nom, est celle qui est faite au profit de l'héritier légitime de l'institué, l'autre, qui transporte le bénéfice à un tiers, est appelée *renvoi de biens*. Le renvoi de biens est interdit expressément à l'égard des fiefs par les articles 4 et 5 du chapitre XXXI de la coutume. Quant aux substitutions, elles sont également défendues, parce que le dernier article du chapitre XXXIV prohibe toutes dispositions conditionnelles portant sur des fiefs. Mais substitutions et renvois restent permis sur les autres biens.

On avait agité la question de savoir, si en Berry les substitutions étaient prohibées; mais un arrêt du

19 août 1767 décida la question dans le sens de la négative. Egalement, pour ce qui touche les coutumes de Chaumont, de Meaux et de Vitry, deux arêts rendus, l'un au parlement de Rouen, en 1648, l'autre au parlement de Paris, en 1658, tran•chèrent la même contestation, dans le même sens.

CHAPITRE III.

SUBSTITUTIONS SOUS L'ORDONNANCE DE 1747.

SECTION 1.

Aucune solemnité, aucune forme particulière ne révèle l'existence d'une substitution. — C'est uni•quement parce qu'une disposition en contient les éléments essentiels qu'on doit décider qu'elle en présente le caractère, et qu'on doit lui en appliquer les règles.

Mais qu'est-ce qui est de l'essence de la substitu•tion ?

Il faut qu'il y ait une chose qui soit l'objet de la substitution.

Il faut deux libéralités successives : l'une faite au grevé, l'autre à l'appelé.

Il faut qu'un certain temps, *tractus temporis*, puisse s'écouler entre le moment où s'ouvre le droit du grevé, et celui où s'ouvre le droit du substitué.

Il faut enfin, que la libéralité faite à celui-ci soit subordonnée à l'évènement d'une condition suspensive.

La substitution est une libéralité ; elle ne peut donc être faite que par l'une des deux manières de disposer à titre gratuit, reconnues dans nos lois, la donation et les testaments ou codicilles.

Suivant Pothier, les substitutions prennent la nature des actes par lesquels elles sont établies. — Le sont-elles par donations entre vifs, elles auront la nature des actes entre vifs. Le sont-elles par testament, ces dispositions seront de véritables dispositions testamentaires. Et suivant la même distinction, elles seront révocables ou irrévocables, soumises aux formes des testaments ou à celles des donations, aux règles de la capacité des testaments ou des donations.

Telle n'est pas l'opinion de Thévenot d'Essaule. Selon lui, la nature propre des substitutions est testamentaire, et peu importe par quel acte elles sont établies, cette qualité ne les quitte point. C'est par suite de ces principes, que la substitution par dona-tion entre vifs, acquerra des droits à des personnes qui n'ont pas été parties dans l'acte, qui même bien souvent ne sont, à cette époque, ni nées, ni même conçues. Quant à leur irrévocabilité, elle est toute récente et ne date que de l'ordonnance de 1731. Mais cette dérogation n'empêche pas les substitutions établies par donations, de conserver leur nature testamentaire. C'est ce qui fait dire à Peregrinus, que le fidéicommis ne s'établit dans les donations entre vifs qu'improprement et contre sa nature. « Quamvis fideicommissa.... proprio per modum ultimæ voluntatis ordinentur... attamen in collatis per contractum inter vivos posse substitui... per modum fideicommissariæ — jure decisum legitur. »

Peu importe d'ailleurs en quels termes la disposition est conçue, pourvu que la volonté du disposant soit manifestée, expressément ou tacitement, mais par voie de conséquence nécessaire.

Quant aux termes employés, ils peuvent être indifféremment impératifs ou précatifs; ils peuvent s'adresser au grevé, au substitué, à un tiers, ou même être impersonnels, la substitution qu'ils exprimé n'en est pas moins valable. Pothier s'explique sur ce point en entrant dans de grands détails.

Si la volonté de substituer, quoique non exprimée, résulte nécessairement des termes de la donation ou du testament, de façon à ce qu'on ne puisse les expliquer logiquement sans supposer cette volonté, il faudra admettre l'existence d'une substitution tacite.

C'est ainsi que les dispositions faites en faveur des enfants nés et à naître d'une personne, impliquent tacitement une substitution, par laquelle les enfants nés seront chargés de remettre à chacun de ceux qui naîtront par la suite sa part des biens qu'ils recueillent en vertu de cette libéralité. En effet, les termes dont s'est servi le donateur indiquent l'intention de gratifier les enfants à naître; or sa disposition ne peut valoir directement; il faut bien supposer une substitution. (L'ordonnance de 1731, art. 11, le décide ainsi.)

Mais si l'on peut ainsi admettre des fidéicommis tacites, il est cependant vrai que l'usage romain de les tirer de simples conjectures, usage longtemps suivi chez nous par nos plus grand jurisconsultes, notamment Cujas et Dumoulin, a été abrogé par l'ordonnance de 1747.

Ç'avait été une question longtemps controversée, et qui avait divisé la jurisprudence des divers parlements que celle de savoir quelles conjectures étaient propres à faire considérer comme substitués les enfants placés seulement dans la condition.

Ces conjectures, dont quelques-unes avaient été introduites par Cujas et Dumoulin, n'avait pas tardé à s'augmenter sous la plume des autres docteurs, au point que Ménochius en reconnaît trente et une, et que le nombre en atteignit bientôt soixante. (Voir questions sur les substitutions page 243.)

D'Aguesseau consulta les différents parlements ou cours souveraines sur la question de savoir si en principe les enfants mis dans la condition seraient censés mis dans la disposition, puis successivement sur les principales conjectures d'où on pouvait dans cette hypothèse induire chez le testateur la volonté de les substituer; il termina en leur posant l'alternative ou de laisser à la prudence du juge l'appréciation de toutes les conjectures, ou d'en supprimer absolument l'usage. Les réponses sur toutes ces questions furent des plus diverses. Les parlements, rejetant certaines présomptions, admettaient les autres, les uns se contentaient de l'existence d'une seule conjecture, les autres exigeaient la coïncidence de deux ou de plusieurs. Quelques uns voulaient que la décision en pareil cas fût non pas fixée par la loi, mais abandonnée à l'arbitrage du juge. « Ce dernier parti, disait le procureur général au parlement de Paris, paraît d'abord certainement le plus équitable et le plus conforme à la raison. Tout ce qui dépend d'une volonté présumée de celui qui a formé la substitution, ne paraît pouvoir se décider que par la lecture exacte et réfléchie de l'acte même : le juge se met alors à la place du substituant; il examine non seulement la clause dont il s'agit, mais ce qui précède et ce qui suit; il lit l'acte depuis son commencement jusqu'à la fin; il peut se faire que par tout le contexte de l'acte, une seule des circonstances dont parlent Cujas et Dumoulin, puisse faire croire que celui qui l'a dicté ait eu l'intention de mettre ses enfants dans la disposition; peut être le contexte d'un autre acte, malgré deux ou trois circonstances réunies, fera présumer le contraire : or on en peut dire autant de la qualité de ces circonstances : en un mot, à traiter la question en règle, la plus exacte justice semblerait exiger qu'on laissât la décision à la liberté entière du magistrat; aussi c'est le sentiment de Bordeaux, de Flandre et de Dijon.

« Mais ce serait aller aussi contre l'objet qu'on a en vue de diminuer le nombre des procès; d'ailleurs, que d'avis différents entre les juges ! Une clause qui frappe l'un ne fait pas la moindre impression sur un autre ; tout le contexte d'un acte sera lumineux, selon celui-ci, pour présumer les enfants dans la disposition; il sera lumineux, selon l'autre, pour les en exclure, et on a déjà dit que le retranchement des procès devait déterminer à exclure ce parti. »

Il y avait un autre parti à prendre, c'était de couper court à toutes ces subtilités en décidant qu'aucune conjecture, soit isolée, soit réunie à d'autres ne serait assez puissante pour faire admettre une substitution en faveur des enfants mis dans la condition. Tel était l'avis de M. Lebret, le premier président du parlement d'Aix : tels avaient été aussi celui de Lamoignon, et la jurisprudence du parlement de Paris, les parlements de Grenoble, d'Aix et de Pau s'étaient dans leurs réponses aux questions posées par le chancelier rangés à cette opinion. Les raisons qui militent en faveur de cette décision sont excellentes ; d'une part, le but de l'ordonnance qui était de mettre un frein aux nombreux procès qui troublaient l'harmonie des familles tout en dévorant leur patrimoine; d'autre part, ce principe admis par la plupart des parlements : *conditio nunquam disponit*. C'était aller contre la nature même d'une condition, qui est en elle-même une restriction à la disposition qui lui est subordonnée, que de s'en servir pour créer une disposition semblable.

Les cours souveraines, le parlement de Flandre excepté, appliquaient ce principe, mais le faisaient seulement fléchir devant telles ou telles conjectures. Mais l'ordonnance de 1747, peu favorable, comme on le sait, aux substitutions fidéicommissaires, s'en tint à la rigueur du droit, et anéantit l'usage des conjectures, en décidant par son art. 19 :
« Les enfants qui ne seront pas appelés expressément
« à la substitution, mais qui seront seulement mis,
« dans la condition, sans être chargés de restituer

« à d'autres, ne seront en *aucun cas* regardés comme
« étant dans la disposition, encore qu'ils soient
« dans la condition en qualité de mâles, que la
« condition soit redoublée, que les grevés soient
« obligés de porter le nom et les armes de l'auteur
« de la substitution, qu'il y ait prohibition de dis-
« traire la quarte Trébellianique, ou qu'il se trouve
« d'autres conjectures tirées d'autres circonstances,
« telles que la noblesse et la coutume de la fa-
« mille, ou la qualité et la valeur des biens substi-
« tués ou autres présomptions, *à toutes lesquelles*
« *nous défendons d'avoir égard à peine de nullité.* »

Il est également interdit de faire usage des conjectures, pour établir dans les substitutions une gradualité qui n'y est pas formellement exprimée; mais
la gradualité peut résulter tacitement des termes
employés, lorsqu'ils ne sauraient s'expliquer valablement sans la supposer.

Comme aucun terme sacramentel n'est prescrit,
il pourra se faire que ceux dont le disposant s'est
servi, présentent quelque ambiguité; sur ce point
Pothier pose en règle « qu'on doit rechercher ce
qu'a voulu l'auteur de la substitution, sans s'attacher aux termes. » Thévenot d'Essaule dit qu'il
faut admettre les substitutions, lors même qu'elles
sont désignées par des termes impropres. C'est
ainsi que si le droit du grevé a été improprement

qualifié d'usufruit dans l'acte qui établit la substitution, on devra, sans s'arrêter à ces mots, lui attribuer la propriété des biens substitués, comme il a été jugé par arrêt du 10 juin 1710.

De même, on décidera, par application de cette règle, lorsque le testateur, après avoir divisé ses biens par parts inégales entre ses légataires à titre universel, les aura réciproquement substitués les uns aux autres sans détermination de parts, que chacun d'eux recueillera dans la substitution une part proportionnelle à celle qu'il recueille dans la succession, comme légataire à titre universel. Un exemple fera mieux comprendre notre pensée : un testateur a légué la moitié de ses biens à Primus, et à Secundus et Tertius, chacun un quart, il les a de plus réciproquement substitués les uns aux autres. La substitution s'ouvrant par la mort de Tertius, Primus légataire pour une part double de celle de Secundus, sera réputé substitué aussi pour une part double, de sorte que les biens de la substitution seront divisés en tiers, dont deux seront attribués à Primus, et le dernier à Secundus.

Peut-être est-il bon d'examiner ici avec les auteurs, la valeur de quelques termes fréquemment employés dans les substitutions.

Quelle est l'étendue du mot *enfants* ? Doit-il être restreint aux descendants du premier degré, ou comprendre ceux des degrés postérieurs? Dumoulin se prononce formellement pour ce dernier sens. « Verbum gallicum *enfants* non est de se restrictum ad primum vel alium gradum; sed indifferenter supponit quamvis descendentes, sicut verbum *liberi* in lege Romana. » (Dumoulin — Coutume de Paris, Tit. I, § 15 — Glose 1 - *in verbo*, père et mère).

C'est aussi l'opinion de Ricard : « Le mot *enfants* est général pour signifier tous les degrés de la ligne descendante : ce qui a lieu soit qu'il s'agisse d'empêcher l'ouverture d'un fidéicommis, en conséquence de la condition s'il décède sans enfants, ou de donner effet à une substitution au profit des petits enfants (Ricard, chap. 8, n° 583).

Thévenot se range à cet avis, malgré l'art. 62 de l'ordonnance sur les testaments, par lequel il est décidé que « celui qui aura été institué héritier, à la « charge d'élire un des enfants du testateur ne pourra « élire un des petits-enfants ou descendants...., et « que si les enfants du premier degré décèdent avant « que le choix ait été fait, le droit d'élire demeurera « caduc et éteint, à moins que le testateur n'en eût « autrement ordonné. » Selon lui, le principe posé par Dumoulin et Ricard, sur l'interprétation du mot *enfants* ne subsiste pas moins; il faut restreindre cette décision au cas spécial de l'élection pour lequel elle a été rendue ; parce que le droit d'élection, qui tend à gratifier l'un des enfants au détriment des autres, doit être plutôt restreint qu'étendu ; mais ce cas mis de côté, le mot *enfants* doit être réputé comprendre aussi les petits enfants. Cette décision est conforme à un arrêt rapporté par Denysart.

Pothier fait sur ce point une distinction selon que le mot enfants se trouve employé dans la disposition ou dans la condition. Dans le premier cas, lorsqu'il est dit : «Je lègue à Paul, et je le charge de rendre à ses enfants», il faut, selon Pothier, restreindre la substitution aux enfants du premier degré. Il tire cette conséquence de l'art. 11 de l'ordonnance de 1731. Au contraire, employé dans la condition, par exemple : «Je lègue à Paul, et s'il meurt sans enfants, je lui substitue Jean, » ce mot s'étendra aux petits enfants et à tous les descendants. La raison en est, qu'étendre la condition, c'est tendre à diminuer l'effet de la substitution : ce qui est en tout point conforme aux vœux des rédacteurs de l'ordonnance.

Employé dans la condition ou dans la disposition, le mot enfants, nous dit Pothier, ne comprend pas les bâtards. L'ordonnance le décide pour le cas où ce mot se trouve dans la condition, et c'est précisément dans ce cas que ce mot présente le sens le plus étendu. (art. 123.) Quant à nous, nous ne saurions adopter cette interprétation dans ses termes généraux. Voici la distinction qui nous paraît devoir être admise.

Le disposant a t-il substitué les enfants du grevé, il n'y a pas de raison juridique d'exclure les bâtards de la disposition. En effet, la raison sur laquelle s'appuie Pothier que les bâtards sont incapables de recevoir à titre gratuit, n'est pas ici de mise, puisque l'appelé *capit a gravante non a gravato*. Les bâtards du grevé ne sont frappés d'aucune incapacité vis-à-vis du disposant.

Si, au contraire, le disposant a substitué ses propres enfants à un tiers, il faudra en ce cas exclure les bâtards, puisqu'ils ne peuvent succéder à leur père ni directement ni par termes obliques.

D'ailleurs nous admettrons avec Pothier, qu'employé dans la condition *s'il meurt sans enfants*, ce mot devra se référer aux seuls enfants légitimes, puisque cette condition a eu pour but de conserver au grevé le droit de transmettre à ses enfants les biens qu'il a reçus de l'auteur de la substitution, droit qu'il ne peut exercer qu'au profit de ses enfants légitimes.

Ceux qu'une autre cause rend incapables de recevoir à titre gratuit comme ceux qui sont morts civilement, soit par suite d'une condamnation, soit par la profession qu'ils ont faite de la vie religieuse, ne sont pas non plus compris dans le mot *enfants*.

Ces notions préliminaires vont nous permettre d'entrer plus avant dans l'étude de notre matière.

SECTION II.

Des biens qui peuvent être l'objet d'une substitution.

Tous les biens dont on peut disposer à titre gratuit peuvent faire l'objet d'une substitution : c'est ainsi qu'on peut substituer par testament toutes les choses qu'on peut léguer, de même que l'on peut substituer par donation celles dont on a la libre disposition entre vifs.

Le droit romain avait permis la substitution des meubles et objets mobiliers. Il y a, cependant, tout lieu de penser que les substitutions particulières de meubles furent très rares, hors le cas assez fréquemment supposé dans les textes, où le fidéicommis porte sur des esclaves. Chez nous l'article 125 de l'ordonnance de 1629 avait interdit la substitution des choses mobilières; mais soit pour une raison soit pour une autre, cette prohibition n'avait été appliquée que par le parlement de Dijon. Avant la rédaction de l'ordonnance, d'Aguesseau posa aux divers parlements la question de savoir s'il fallait rendre obligatoire dans toutes les provinces la règle de l'ordonnance de 1629, ou s'il valait mieux l'abroger dans les pays où elle avait cours. La plupart des parlements réclamèrent d'après les principes du droit romain que toute distinction entre les meubles et les immeubles fût abolie. Les seuls parlements de Dijon, de Besançon et de Metz, ainsi que le premier président Lebret du parlement d'Aix furent d'avis d'étendre la prohibition à toutes les provinces. Ce fut cette opinion que l'on consacra : l'ordonnance décida que les meubles ne pourraient être grevés d'une restitution à effectuer en nature; par conséquent depuis l'ordonnance les meubles compris dans une disposition universelle ou à titre universel seront réputés substitués, mais à charge d'être vendus pour être fait emploi des deniers en provenant. Quant aux substitutions particulières de meubles, elles ne seront valables qu'autant que le disposant aura expressément ordonné cette vente et cet emploi. Mais la substitution en nature d'objets mobiliers est formellement interdite à peine de nullité. (Art. 8)

Ainsi, pourront faire l'objet d'une substitution ;

1° Les immeubles proprement dits;

2° Les immeubles fictifs, c'est-à-dire les offices patrimoniaux et les rentes constituées. Remarquons que ces biens seront réputés immeubles quant à l'établissement des substitutions, même dans les pays où ils ont le caractère de meubles. Bien entendu, quand on parle d'un office substitué, il s'agit seulement du droit de finance, puisque le droit de nomination appartient toujours au roi. Aussi le grevé ne peut-il être tenu de rendre en nature, ni les offices, ni les rentes constituées qui sont essentiellement rachetables; mais en cas de vente, de suppression ou de réunion des offices substitués, comme en cas de rachat de la rente, le prix de l'office, ou le principal de la rente, devra être employé au profit des substitués. (Article 3).

3° Les immeubles par destination, et il faut entendre cette expression avec une certaine étendue. Elle comprend ici, non seulement les bestiaux et ustensiles attachés à l'exploitation d'une terre, mais aussi les meubles meublants, tableaux et objets précieux servant à l'usage et à l'ornement d'un château, ou d'une maison substituée. (art. 7). D'ailleurs, ces meubles ne sont substitués en nature qu'autant qu'il en aura été expressément ordonné par le disposant. Le grevé, dans ce cas, est parfaitement quitte de ses obligations, en restituant lesdits meubles dans l'état où ils se trouvent au moment où s'ouvre la substitution. La raison de cette exception se touche facilement du doigt; le but politique, et hautement avoué de cette institution était de conserver et d'entretenir les grandes familles, non seulement dans leur fortune, mais encore dans l'éclat et la splendeur qui contribuaient si efficacement à en rehausser le prestige.

Une somme d'argent peut faire l'objet d'une substitution; mais dans ce cas il devra en être fait emploi. Il en est de même d'une créance; mais là encore, si elle vient à être remboursée avant l'ouverture du fidéicommis, il y aura lieu d'en faire emploi.

Une servitude réelle peut être substituée ; ainsi serait valable la disposition ainsi conçue : « Je lè-« gue à Paul une servitude de passage sur mon fonds « A, et; je veux qu'à sa mort cette même servitude « passe à Pierre. » Il est d'ailleurs bien évident que pour qu'une telle disposition puisse produire son effet, il faudrait que le susbtitué eût un héritage dans les conditions de proximité voulues pour profiter de la servitude à lui attribuée.

Peut-on substituer une servitude personnelle, un usufruit, par exemple ? Cette question ne laisse pas que de présenter des points assez délicats. Nous sommes, quant à nous, disposés à croire que l'affirmative ne peut être admise qu'en un seul cas dont voici l'espèce :

Le disposant est l'usufruitier d'un fonds; il fait donation de cet usufruit à Paul, à charge par lui, s'il meurt avant l'extinction de l'usufruit, de le remettre à Jacques. Cette disposition présente tous les caractères de la substitution; il y a deux libéralités nécessaires de la même chose, il y a *tractus temporis*, il y a enfin fidéicommis conditionnel.

Mais à part ce cas, nous ne voyons pas comment peut exister la substitution de l'usufruit. Qu'on suppose, en effet, un testateur léguant à Paul l'usufruit de son fonds, le chargeant à sa mort de remettre cet usufruit à Jacques. Comment Paul pourrait-il restituer un droit qui s'éteint *ipso jure* au moment où il meurt ? La disposition cependant produira son effet, parceque le testateur, s'il s'est servi d'expressions impropres, a cependant manifesté clairement sa volonté ; mais l'usufruit dont jouira Jacques ne sera pas celui qui avait été légué à Paul ; ce sera un nouvel usufruit sur la même chose, et tout à fait indépendant du premier ; en un mot, ce ne sera pas deux libéralités successives ayant le même objet, mais bien deux libéralités de choses semblables.

Ce qui vient d'être dit pour le cas où l'événement qui doit donner ouverture au fidéicommis est la mort du grevé, serait encore vrai dans le cas où cet événement serait l'arrivée de toute autre condition. En effet, n'est-ce pas aussi un mode d'extinction de l'usufruit que l'arrivée de la condition résotoire. On ne peut donc substituer un usufruit constitué sur la tête du grevé.

Telles sont les conclusions auxquelles on se trouve

conduit en se plaçant au point de vue ordinaire et
en prenant dans son sens usuel le mot de substitution ;
mais en examinant plus subtilement les choses, on
arrivera à trouver dans presque toute constitution
d'usufruit à titre gratuit une véritable substitution
fidéicommissaire. Un testateur lègue à Pierre l'usufruit d'un fonds, dont il laisse à son héritier la nue
propriété. Nous ne croyons pas nous tromper en
voyant là une sorte de fidéi-commis, dans lequel
l'usufruitier joue le rôle de grevé, et l'héritier celui
d'appelé. Qu'est-ce, en effet, que l'usufruit ? c'est
l'attribution à deux personnes différentes, de l'*usus*
et du *fructus* d'une part, et de l'*abusus* singulièrement paralysé d'autre part. Eh bien ! le jour où
l'extinction de l'usufruit réunit dans une seule
main les trois éléments de la propriété ; ne peut-on
pas, au moins par la pensée, les distinguer encore?
Cela posé, il sera vrai de dire, en reprenant l'espèce
indiquée plus haut, que Pierre, l'usufruitier, a été
gratifié de l'*usus* et du *fructus*, à charge par lui de
les rendre en mourant à l'héritier. Il y a là en réalité deux libéralités successives de la même chose,
il y a *tractus temporis* et terme incertain. Nous
avons supposé que l'usufruit, ainsi que la nue propriété, ont été acquis à titre gratuit ; car autrement, il
n'y aurait pas deux libéralités. Par exemple, si un
propriétaire fait donation de l'usufruit d'un fonds

à Pierre, et vend à Jacques la nue propriété; on ne peut pas dire qu'au jour de l'extinction de l'usufruit, l'*usus* et le *fructus* seront acquis à Jacques à titre gratuit, car en achetant la nue-propriété il a certainement voulu acheter la certitude de voir dans un terme incertain l'*usus* et le *fructus* momentanément séparés de son droit s'y réunir. Dans la plupart des cas, il ne serait pas possible de voir une substitution de l'*usus* et du *fructus*, dans la constitution d'usufruit au profit d'une personne morale, la raisone n est que ces personnes ne mourant pas, leur usufruit s'éteint par un terme préfixe, et qu'ainsi, il n'y a pas là de condition. Mais bien entendu à défaut de cette condition de la mort du grevé qui fait défaut, une autre condition pourrait être imposée par la volonté du constituant.

Quoi qu'il en soit, ceci est purement théorique, et notre Code déclare formellement, en proscrivant les substitutions, qu'il n'entend pas ranger sous cette dénomination la constitution d'usufruit à titre gratuit.

Thévenot enseigne qu'il est permis de substituer une chose autre que celle qu'on donne; c'est ainsi que l'on peut substituer la chose de son héritier ou de son légataire ou donataire, voire même celle d'un tiers, en ce sens que le grevé sera forcé d'acquérir cette chose pour en faire la restitution à l'appelé, et dans le cas où cette acquisition ne serait pas possible, d'en payer la valeur. Une pareille décision cependant ne découle pas des principes, puisqu'elle ne présente pas l'un des caractères essentiels de la substitution l'*ordo successivus*. C'est la faveur qui entourait jadis l'institution du fidéicommis qui a fait étendre la règle à ce cas.

La substitution après coup, est-elle valable, c'est-à-dire peut-on substituer la chose qui a précédemment été donnée? Le droit romain avait rejeté cette sorte de disposition; la loi 37, § 3, *de legatis*, 3°, l'admet, il est vrai, mais dans un cas où le donateur s'était réservé le droit de grever postérieurement la donation d'un fidéi-commis. Cette réserve même ne saurait sous l'empire de l'ordonnance valider une telle substitution, car faire une donation en se réservant un pareil pouvoir, qui contient le droit de l'annuler en partie, serait porter atteinte à la vieille maxime française : *donner et retenir ne vaut*. C'est ce qui est formellement décidé par l'art. 15 de l'ordonnance.

Les substitutions après coup sont donc formellement prohibées, même pour les cas qui auparavant étaient jugés les plus favorables. Ainsi, elles seraient nulles « encore qu'il s'agisse d'une donation « faite par un père à ses enfants, que la substitution « comprenne exactement les biens donnés, et qu'elle « soit faite en faveur des enfants ou descendants du « donateur. » (Art. 13). Les pays de droit écrit, et notamment le parlement de Toulouse, regardaient, avant l'ordonnance, ces cas comme assez favorables pour faire admettre la substitution après coup. Elles seraient également nulles, depuis l'ordonnance, alors même qu'il s'agirait d'une donation faite par contrat de mariage, avec réserve en faveur du donateur de pouvoir substituer ultérieurement les biens donnés; le législateur de 1747 l'a ainsi ordonné, encore que la règle *donner et retenir ne vaut* n'ait pas d'applications en matière de contrat de mariage.

Du reste, dans le cas où seraient admises les donations à cause de mort, l'ordonnance permet de substituer après coup, les choses qui ont fait l'objet de pareilles donations. La raison de l'irrévocabilité qui avait fait rejeter les substitutions après coup, n'est plus ici de mise. (Art. 18).

Mais si le donateur impose cette substitution comme charge d'une nouvelle libéralité, elle sera valable; car elle rentre dans le cas permis, nous le savons, de la substitution de la chose du grevé. L'art. 16 de l'ordonnance le décide de la façon la plus formelle, ajoutant même une disposition rigoureuse en cas de l'acceptation de la seconde libéralité par le donataire : « il ne lui sera plus permis « de diviser les deux dispositions faites à son profit, « et de renoncer à la seconde pour s'en tenir à la « première, quand même il offrirait de rendre les « biens compris dans la seconde disposition, avec les fruits par lui perçus. » (Art. 16).

La légitime étant attribuée au légitimaire par une disposition de la loi, et non par la volonté de son père, il découle de ce principe, que celui-ci ne peut grever de restitution la légitime de son fils, s'il ne lui laisse rien au delà. C'est l'application de la maxime *quem non honoro gravare non possum.* Mais si le père laisse à son fils, outre la légitime, quelque chose de plus, et que cette libéralité soit acceptée, la substitution de la légitime sera valable ; nous savons en effet qu'on permettait de substituer la chose du grevé. Il peut arriver d'ailleurs que le père soit en droit d'enlever la légitime à son fils ; c'est le cas de l'exhérédation officieuse; en pareille circonstance, le père, qui n'use pas de son droit, et qui n'enlève pas la légitime à son fils, est censé l'en gratifier, et par conséquent peut la grever de substitution.

Au reste, remarquons que la légitime ne doit pas être implicitement comprise dans la substitution, c'est-à-dire qu'à moins que le disposant ne s'en soit expliqué d'une manière formelle, la légitime demeurera libre entre les mains du légitimaire, qui ne sera tenu de restituer que le surplus de la libéralité. « *In dubio intelligetur servata filio* (Pérégrinus, art. 33 — n° 81, 82, 83) (*Vide Cujas* — consult. 22, Tome I, page 376).

Quant à la réserve coutumière, c'est seulement par donation entre vifs qu'il est permis de la grever de substitution, puisqu'on n'en peut disposer par testament. On le pourrait, à la vérité, même de cette manière; mais à condition de gratifier l'héritier de quelqu'autre libéralité.

Envisageant à un autre point de vue la question, l'on dira que, non seulement les choses que le grevé tient directement et immédiatement du disposant sont comprises dans la substitution universelle, mais encore celles dont il peut devenir propriétaire en vertu de quelque droit pour lequel il a succédé au disposant.

Ainsi le substituant avait acheté un héritage, et il est mort avant d'en être devenu propriétaire par la tradition, qui s'est opérée postérieurement au profit du grevé. Celui-ci devra comprendre cet héritage dans la restitution qu'il aura à faire à l'appelé. La vente étant depuis le Code civil, indépendamment de la tradition, translative de propriété, cette hypothèse ne peut plus se présenter, la propriété de l'héritage passe directement du substitué au grevé.

De même lorsqu'un héritage vendu par le substituant rentre entre les mains du grevé, soit par la rescision de la vente, soit par l'exercice de l'action de réméré dans le cas où le disposant s'était réservé cette faculté, il faudra comprendre cet héritage dans la restitution à faire. De même encore, si le grevé a trouvé parmi les biens substitués une portion indivise d'un immeuble, et qu'il soit devenu propriétaire de la totalité par licitation, comme le droit d'acquérir par licitation était attaché à la portion substituée, il devra restituer à l'appelé l'immeuble tout entier. Bien entendu que l'appelé ne pourra réclamer la chose ainsi comprise dans la substitution qu'à charge d'indemniser le grevé des sommes par lui déboursées pour l'acquérir.

Si la chose substituée a été remplacée par une autre, celle-ci prend dans la substitution à faire la place de la première; c'est ainsi que le prix d'un office, ou d'une rente constituée, ou l'immeuble sur lequel pesait une rente foncière faisant partie de la substitution, et qui a été déguerpi par le débiteur de la rente, devront être restitués, à la place de cet office ou de cette rente, il en sera de même de ce qui aura été acquis en remploi, du prix de l'office ou de la rente.

Ce qui est réuni à la chose substituée naturellement ou industriellement doit aussi être restitué avec elle. Ainsi si une alluvion vient accéder au champ substitué, si un édifice est construit par le grevé, l'appelé pourra réclamer le champ avec ses accroissements, sauf en ce dernier cas à rembourser au grevé la plus-value résultant des constructions qu'il a faites, car nul ne doit s'enrichir aux dépens d'autrui. Mais l'union civile aux biens substitués n'entrerait pas dans la restitution à faire, tel est le cas où le grevé aurait acquis un héritage mouvant en fief ou en censive d'un fief substitué.

Il y faudrait comprendre ce qui s'adjoindrait *jure non decrescendi* aux biens recueillis par le grevé. Ainsi un testateur laisse deux héritiers, Pierre et Paul ; il substitue Jacques à la portion de Paul, si Pierre prédécède ou qu'il ne puisse ou ne veuille recueillir, l'hérédité toute entière appartiendra à Paul, qui devra la restituer également en totalité, parce que le disposant, en substituant la portion de Paul, sans préciser que cette portion n'était qu'une fraction de la succession, l'a substituée avec tous les accroissements qu'elle était capable de recevoir.

Les fruits, comme nous le verrons plus tard, ne sont point compris dans la substitution.

SECTION III.

Entre quelles personnes peuvent être établies les substitutions.

Toute substitution suppose nécessairement trois personnes : un disposant, un grevé, un appelé ou substitué.

Toute personne qui peut aliéner à titre gratuit soit entre vifs, soit à cause de mort, est capable de jouer le rôle de disposant.

Il n'en avait pas toujours été ainsi. L'art. 125 de l'ordonnance de 1629 avait interdit aux personnes rustiques la faculté de faire des substitutions, par la raison que ces personnes sont le plus souvent hors d'état de bien comprendre toutes les conséquences de pareilles dispositions. Cette exception au droit commun devait-elle passer dans la nouvelle ordonnance? D'Aguesseau consulta sur ce point les différents parlements. Celui de Dijon, qui seul avait appliqué l'ordonnance, et celui de Besançon se prononcèrent pour le maintien de la prohibition. Le parlement de Besançon allait même plus loin; se plaçant au point de vue aristocratique, qui a présidé chez nous au développement de cette institution, il fut d'avis que ce n'était pas assez d'interdire aux personnes rustiques la faculté de substituer, mais que l'intérêt des familles illustres seules était assez puissant pour l'emporter sur les inconvénients que les substitutions traînent après elles; qu'en conséquence, il était convenable de ne permettre de substituer qu'aux nobles, aux officiers des cours souveraines, ou à ceux qui sont revêtus de charges militaires, leur défendant même de substituer leurs biens en faveur des roturiers, tandisque, par exception on permettrait à ceux-ci d'établir des substitutions en faveur des nobles.

Les autres parlements, ceux du midi surtout,

s'appuyant tant sur la considération des difficultés
sans nombre que devait faire naître la détermination des personnes rustiques, que sur les principes
du droit Romain, poussés d'ailleurs dans cette voie
par les traditions presque républicaines de leurs
anciennes franchises municipales, furent d'avis
que, loin d'être étendue aux pays où elle n'était pas
reçue, la prohibition devait plutôt disparaître entièrement dans la rédaction de la nouvelle ordonnance, et qu'il n'y avait pas lieu de consacrer une
inégalité qui choque également et les principes juridiques et la nature même de l'homme. Les priver
du droit de substituer, disait M. Decormis, avocat au
parlement de Provence, « c'est leur ôter le moyen
de conserver dans leur descendance, le bien qu'ils
ont, lequel leur est aussi cher, pour petit qu'il soit
que l'est un grand bien aux personnes considérables. »

On était au milieu du 18ᵉ siècle ; les priviléges avaient fait leur temps; aussi la prohibition
de l'ordonnance de 1629 ne fut-elle pas reproduite
dans celle de 1747. « Il faut convenir, dit à ce sujet le procureur général au parlement de Paris,
tout en adoptant personnellement les vues du parlement de Besançon ; il faut convenir que ces distinctions causeraient une difformité de la loi, qui
serait également mal reçue et dans les provinces où

les substitutions sont favorables, et dans celles où elles ne le sont pas. »

Tous ceux qui sont gratifiés expressément ou tacitement peuvent jouer dans les substitutions le rôle de grevé. Ainsi peuvent être grevés : non seulement le donataire, le légataire, et l'héritier institué dans les pays où l'institution d'héritier est admise, mais encore l'héritier *ab intestat* parce qu'en définitive, c'est le gratifier que lui laisser des biens qu'on pourrait lui enlever.

Celui qui n'est pas encore né peut être grevé, pourvu qu'à sa naissance il puisse profiter du bienfait : il en est de même de celui qui n'est pas même conçu, et c'est ce qui arrive très fréquemment dans le cas où la substitution comprend plusieurs degrés de restitution à faire.

Mais remarquons qu'une personne ne peut être grevée qu'autant qu'elle est gratifiée soit directement, soit indirectement ; c'est ce que nous apprend la glose sur la loi 9 au Code *De fideicommissis :* « *Quem non honoro, gravare non possum* », d'où est venu ce brocard si souvent répété en matière de substitution : *Nemo oneratus nisi honoratus.* Il suit de là qu'on ne peut mettre à la charge du grevé plus qu'il n'a reçu ; si donc un légataire accepte une disposition testamentaire par laquelle il est chargé de restituer au-delà de ce dont il est gratifié, son acceptation ne pourra lui nuire, en ce sens que son obligation sera réduite dans les limites de son émolument. Mais cette décision n'aura son application qu'au cas où la chose léguée comme la chose à restituer seront deux quantités de même nature, ou, tout au moins, appréciables suivant le cours des mercuriales ; en sorte que l'on puisse voir, sans rien laisser à l'arbitraire d'une estimation, laquelle est la plus forte. Dans le cas contraire, s'il s'agissait, par exemple, du legs d'un corps certain, à charge de restituer une somme, le légataire est censé reconnaître, par son acceptation, que l'objet qui lui est légué n'est pas d'une valeur inférieure à la somme qu'il devra restituer. « *Quia ipse*, dit Cujas, *agnoscendo legato, non pluris esse rem œstimare videtur* ». (Cujas—lib. 39 ;—Sal. Jul. *ad legem* 9 *De legatis* 1° ; —§ *Si quis Stichus* ; —Tome I, p. 2135.)

Nous avons dit tout à l'heure que pour être grevé, il suffisait d'être gratifié indirectement par le disposant. C'est ainsi que je puis grever l'héritier de mon héritier ou de mon légataire, mais à condition que l'on voie bien clairement que c'est comme profitant de la libéralité faite à son auteur que je le grève. Par exemple : Si je charge l'héritier de mon héritier de restituer en mourant ceux de mes biens qu'il a trouvés en nature dans la succession de celui-ci. De même encore si je charge le mari de mon

héritière, commun en bien avec celle-ci, de restituer ceux de mes biens qui se trouveront dans sa
part de communauté.

Tous ceux qui sont capables de recevoir à titre
gratuit peuvent également jouer le rôle d'appelés.

Une personne incertaine peut être appelée; il
suffit qu'elle puisse devenir certaine lors de l'ouverture de la substitution. C'est une dérogation aux
principes, rendue nécessaire par le but de cette institution. Le disposant, par suite, peut appeler au
bénéfice de la substitution une personne qui n'est
pas née ni même conçue, au moment de la disposition. Ce fidéicommis d'ailleurs est toujours fait sous
la condition *si nascatur*, sans qu'elle ait besoin
d'être exprimée. Nous avons vu que cela était uni-
versellement admis par le droit romain; il n'en pouvait être autrement, puisque les *fideicommissa familiæ perpetuo relicta* avaient précisément pour but de
conserver les biens du disposant dans sa famille,
pendant une durée indéterminée. «Valde notandum
est hoc fideicommissum familiæ relictum pertinere
etiam ad eos qui, moriente testatore, in rerum
natura non fuerunt. . . . .
qui post mortem testatoris concepti sunt.» (Cujas,
quæstiones Papinianæ — libro 19 *lege* 60 *de
legatis* 2° — tomo 4, page 478.) La même raison
fait que chez nous aucun doute ne peut être non

plus conservé sur ce point. (V. Ricard — chap. 8 — n° 542.)

L'ordonnance de 1731, quand elle parle des enfants à naître, ne distingue pas s'ils sont conçus ou s'ils ne le sont pas. Celle de 1747, quand elle parle du substitué qui n'est pas né, ne fait pas non plus de distinction. C'est ainsi que l'article 5 du titre II, prescrit la nomination d'un curateur à la substitution, lorsque le premier substitué n'est pas encore né. Et Furgole remarque que cette disposition n'a son application que dans le cas où l'appelé n'est pas même conçu. De même sur l'article 41 du même titre, qui parle du substitué, qui n'est pas encore né, Furgole donne la même interprétation ; *s'il n'est pas né ni conçu.*

L'appelé, nous avons déjà eu occasion de le dire, ne succède en aucune manière au grevé, mais seulement au disposant, *capit a gravante non a gravato.* Il s'ensuit que le substitué pourrait être incapable de recevoir du grevé ; il suffit qu'il soit capable vis à vis de l'auteur de la substitution.

La capacité nécessaire à l'appelé peut varier avec le mode d'établissement de la substitution, c'est-à-dire que tel qui pourrait être appelé à une substitution par donation entre vifs, ne pourrait pas l'être à une substitution testamentaire; tel est l'aubain, par exemple, qui peut recevoir par donation, mais non par testament.

Différents caractères des substitutions.

Les substitutions fidéicommissaires, chez nous comme à Rome, sont simples ou graduelles selon qu'elles comprennent un seul ou plusieurs degrés de restitution à faire.

Elles sont particulières ou universelles, selon qu'elles portent sur un ou plusieurs objets déterminés ou bien sur une universalité ou sur une quote-part de l'universalité.

Nous n'insisterons pas sur ces distinctions, mais nous examinerons brièvement ce qu'il faut entendre par ces mots substitution réciproque, substitution *de eo quod supererit*, substitution compendieuse, substitution officieuse.

Il y a substitution réciproque quand deux personnes sont mutuellement grevées l'une envers l'autre. Depuis l'ordonnance, la réciprocité ne peut s'induire par conjectures, mais elle peut parfaitement résulter d'une manière tacite des termes de la disposition. C'est ainsi que, si le testateur s'est exprimé en ces termes: «Je lègue mon hérédité à Pierre et à Paul et je charge le survivant d'entre eux de la remettre en mourant à Jacques.» on est bien forcé d'admettre une substitution réciproque entre Pierre et Paul ; car autrement comment le survivant pourrait-il remettre au substitué la totalité, puisqu'il n'a été gratifié directement que de la moitié.

Le fidéicommis *de eo quod supererit* peut se rencontrer chez nous, de même qu'à Rome. Ce fidéicommis laisse au grevé le pouvoir d'aliéner, puisqu'en restituant simplement ce qui reste entre ses mains des biens substitués au jour de l'ouverture de la substitution, il exécute les termes de la disposition. Mais cette faculté d'aliéner doit être maintenue dans de justes limites ; autrement la substitution serait le plus souvent inefficace, et l'on doit supposer que l'intention du disposant n'a pas été de faire un acte inutile. On ne regardera donc comme valables que les aliénations que le grevé aura faites de bonne foi et sans qu'il y ait de sa part fraude à la substitution, car le disposant a voulu lui réserver le droit de prendre sur les biens substitués ce qui est nécessaire à ses besoins et non pas celui de les dissiper, ou de les faire passer à d'autres qu'aux appelés. Il faudrait donc annuler les donations excessives de biens de la substitution faites à des tiers. (Pothier). De même, si le grevé ayant d'ailleurs des biens propres, prenait sur les biens substitués tout ce qui est nécessaire à ses besoins sans y faire contribuer en aucune manière sa fortune personnelle, il devrait recompense aux appelés, dans la mesure de ce qu'il aurait dû prendre sur ses ressources propres. Nous avons vu précédemment que les jurisconsultes romains avaient laissé à l'arbitrage d'un homme de bien le soin d'apprécier dans quelles limites devait être renfermé le droit d'aliéner. Nous savons également que Justinien posant arbitrairement une règle préfixe sur ce point, avait permis au grevé de disposer jusqu'à concurrence des trois quarts des biens substitués, l'autorisant à entamer le dernier quart seulement pour cause de dot ou pour le rachat des captifs. Nous pensons, avec Pothier, que cette règle n'a point d'application dans notre droit, mais qu'il faut s'en tenir à celle du Digeste.

Au point de vue des fruits, les substitutions de cette nature présentent encore une différence importante avec les substitutions ordinaires. En effet, dans celles-ci, les fruits perçus par le grevé avant l'ouverture de la substitution, bien qu'existant encore en nature à ce moment, n'entrent pas dans la restitution, tandis que dans celles dont nous nous occupons, il faut les y comprendre. La raison en est simple ; dans les premières, les fruits forment presque le seul avantage qui soit dévolu au grevé ; car le simple usage dans le sens restreint du mot est le plus souvent insignifiant. Quel avantage le grevé retirerait-il d'un domaine, par exemple, s'il n'avait que le droit de s'y promener ou d'y chasser? Dans les substitutions *de eo quod supererit*, au contraire, le grevé a pu largement profiter de la substitution; d'ailleurs, il doit restituer tout ce qui reste des biens substitués : or les fruits sont dans ce cas, *fructus augent hereditatem.*

Les substitutions de ce genre peuvent être plus ou moins restreintes par les termes de la disposition. C'est ainsi que si le grevé est chargé de rendre tout ce qui restera en nature des biens substitués, il ne devra aucune récompense au grevé, bien qu'il ait vendu les biens substitués pour améliorer ses biens propres, ou pour en acheter de nouveaux, ou même pour payer ses dettes.

Le testateur a pu restreindre plus encore la substitution, en chargeant le grevé de rendre tout ce dont il n'aura pas disposé. En pareil cas, aliénations à titre gratuit, donations, libéralités testamentaires des biens substitués effectuées par le grevé, tout sera valable. La substitution est aussi restreinte que possible, puisque la faculté d'enlever à l'appelé tout le profit de la disposition est entre les mains du grevé.

La substitution est compendieuse quand les termes par lesquels elle est établie renferment à la fois, et comme par abrégé la directe et la fidéicommissaire. « Dicitur compendiosa quia sub com-

pendio verborum plures continet substitutiones. »
(Peregrinus, art. 34 n° 4).

Pour que la substitution soit compendieuse, il faut qu'elle dispose pour deux hypothèses, pour le cas éventuel où le premier gratifié ne recueillera pas, c'est le cas de la vulgaire, et pour celui où il recueillera, ce qui est celui de la fidéicommissaire. « Comprehendit, dit encore Peregrinus, casum non aditæ hereditatis ut vulgaris, et casum aditæ hereditatis, ut fideicommissoria..... et hoc respectu compendiosa est. » Remarquons d'ailleurs qu'il faut que les deux substitutions soient comprises implicitement et non expressément dans la disposition; autrement il y aurait non pas une substitution compendieuse, mais deux substitutions.

L'exemple de substitution compendieuse le plus souvent donné par les docteurs de la matière, est celui-ci : J'institue Pierre, et en quelque temps qu'il décède, je lui substitue Jacques. En effet, la substitution vulgaire et la fidéicommissaire sont comprises sous ces termes. Hâtons nous de dire que ce n'est pas là une formule qui soit nécessaire.

Presque toutes les substitutions établies dans notre usage sont compendieuses; car les mots *au cas de mort de l'institué*, ou *après le décès de l'institué j'appelle Pierre*, conviennent aux deux substitutions. Il en est de même du mot *je substitue*. Mais remarquons que la substitution compendieuse n'a jamais lieu, lorsque le disposant s'est servi de termes obliques, parceque ceux-ci ne conviennent qu'à la fidéicommissaire. C'est ainsi que les mots *je charge de rendre* excluent toute idée de substitution compendieuse, puisqu'on ne peut rendre qu'autant qu'on a recueilli, et dès lors l'hypothèse de la substitution vulgaire est complètement écartée.

La substitution établie par donation entre vifs ne peut être compendieuse au premier degré, mais seulement dans les degrés ultérieurs. Eclaircissons ce point par un exemple. Si je donne ma maison à Pierre qui l'accepte, substituant à Pierre Jacques, et à celui-ci Jean, il est certain que Pierre étant saisi par le fait même de la donation, il ne peut avoir lieu au profit de Jacques à l'ouverture d'une substitution vulgaire, qui ne peut se rencontre dans une donation entre vifs. Jacques, le premier substitué n'a donc à la maison d'autre vocation que celle qui résulte de la substitution fidéicommissaire. Au contraire, il se peut fort bien que le second substitué Jean succède à la maison, soit par ce que Jacques n'aura pu ou voulu recueillir, soit parceque celui-ci ayant recueilli, la substitutiou fidéicommissaire s'ouvrira par l'événement de la condition.

Il est bien évident, du reste, que les substitutions ne peuvent concourir, quant à l'effet, puisque les cas qui leur donnent ouverture sont exclusifs l'un de l'autre.

Le père de famille, s'il a de justes motifs d'exhéréder entièrement son fils, de le priver même de sa légitime, ce qui arrive dans le cas où ce dernier est prodigue, peut grever la légitime de substitution. C'est ce qu'on a appelé substitution officieuse, épithète qu'on appliquait aussi à l'exhérédation dont nous venons parler par ce que l'une et l'autre, ayant pour but de soustraire à la mauvaise administration du fils, les biens du père dans l'intérêt des petits enfants, sont faites *ex officio pietatis*.

SECTION V.

Droits et devoirs du grevé.

La nature du droit du grevé sur les biens substitués, est un droit de propriété, non pas incommutable, mais résoluble par l'évènement de la condition qui doit donner ouverture à la substitution, propriété, du reste singulièrement modifiée par l'obligation de restituer où il se trouve. Mais il n'en a pas moins la pleine propriété. « Res quæ sub conditione legata est, dit Cujas, interim quamdiu pendet conditio est heredum qui hereditatem àdierunt. »

En effet, soit par la mort, soit par la donation,

l'auteur de la substitution a cessé d'être propriétaire ; d'un autre côté, jusqu'à l'échéance de la condition, le substitué n'a qu'une simple espérance. Il faut bien que la propriété se pose quelque part : ce sera sur la tête du grevé.

Cette restriction du droit d'*abusus* imposée au grevé propriétaire, avait fréquemment pour effet, ainsi que nous l'apprend Pothier, d'induire en erreur des praticiens peu instruits et de le faire considérer comme un simple usufruitier.

En raison de sa qualité de propriétaire, il est tout naturel que le grevé gagne les fruits qu'il a perçus. C'est, en effet, le droit commun, et il n'existe aucune raison de lui en enlever le bénéfice. Bien entendu, il ne gagne les fruits qu'autant qu'il les perçoit sans fraude ; ainsi, le grevé qui, avant l'échéance du fidéicommis, ferait, dans des bois substitués, des coupes anticipées, devrait de ce chef indemnité à l'appelé.

Le grevé étant propriétaire, il est certain que c'est en son propre nom qu'il administre les biens substitués, ainsi que le dit *in terminis* Pérégrinus. « Heres grayatus, nomine suo plenam habet administrationem. » C'est donc en son nom personnel qu'il a l'exercice de toutes les actions relatives aux biens de la substitution. Il suit de là, comme conséquence naturelle, que dans le cas d'une substitution universollo les sommes dues à la succcssion sout bien payées entro les mains du grové, ct do mêmo, dans lo cas d'uno substitution particulière, il a qualité pour recovoir lo paicmont de co qui rentro dans la substitution. Il a également qualité pour payer; d'où il suit que les actions actives ou passives, comprises dans la substitution, dovront être oxercées par ou contre lui. Si donc lo grové néglige do poursuivre les débiteurs do la substitution, et quo par suito do co retard, ceux-ci soient devenus insolvables, il aura commis uno faute; car il n'aura certainoment pas géró en bon père do famillo. Il en sera puni par l'obligation de garantir l'appelé contro les effets de l'insolvabilité du débiteur.

Lo grové gagne, ainsi que nous l'avons dit, les fruits des biens substitués; il doit par contro supporter tout co qui est chargo des fruits; par conséquent, c'est à lui qu'incombe l'obligation de payer les impositions, les cens ou les rentes foncières qui pèsent sur les terres comprises dans la substitution. Il doit également supporter les réparations d'entretien, car un bon père de famillo prélèvo sur les fruits de chaque année ce qui est nécessairo pour y fairo faco. Si donc, fauto do ces réparations, il laissait les biens substitués so détériorer ou périr, il y aurait de sa part uno fauto grave qui l'obligerait à réparer le préjudice par lui causé aux appelés.

Mais il n'est pas tenu des grosses réparations; car ce no sont pas des charges de la jouissance; si donc il les avait faites, il serait fondé à en répéter la valeur contre l'appelé qui devrait lui en tenir compte: *nemo locupletari debet alterius jactura.*

Les frais des procès concernant la propriété des biens substitués doivent être remboursés au grevé lors de l'ouverture de la substitution. Il en est do même de toutes les impenses extraordinaires nécessitées par la conservation des biens, ainsi que par la vente de ces biens, dans les cas où elle est prescrite par l'ordonnance.

Le grevé a-t-il le droit de faire des baux, et quel est leur sort après l'ouverture de la substitution ? Il est hors de doute que le grevé propriétaire, et d'ailleurs capable de tous les actes qui rentrent dans les limites d'une sage administration peut faire des baux tant à ferme qu'à loyer pour le temps de sa propriété. Mais lorsque s'ouvrira la substitution, l'appelé no sera pas obligé par le bail consenti par le grevé; en effet, il n'est en aucune façon le successeur ni même le mandant du grevé. Le bail sera donc résolu, pourvu qu'avant sa passation, la substitution ait été portée à la connaissance des tiers pas la voie de la publication et de l'insinuation. Tel est l'avis de Ricard, de Thévenot et de la plupart des auteurs qui ont écrit sur cette matière.

Pérégrinus est d'un avis différent; il distingue les baux à long terme de ceux qui sont faits *ad modicum tempus*, c'est-à-dire, suivant lui, ceux dont la durée n'excède pas neuf années. Dans son système les premiers seuls sont résolus par l'ouverture de la substitution; mais l'appelé sera tenu de souffrir les autres pour le temps qui reste à courir. Cette distinction généralement rejetée d'ailleurs par les anciens docteurs, paraît assez en harmonie avec le système adopté depuis par le code civil sur des matières analogues.

L'ordonnance, en outre des obligations qui naissent de la nature propre des substitutions, en impose plusieurs autres au grevé, tant pour la conservation des biens substitués, que pour assurer la publicité de ses dispositions, et la sauvegarde des droits des tiers. Ces obligations, au nombre de quatre, sont la vente des meubles, l'inventaire, l'emploi et l'insinuation.

I. Nous avons déjà parlé de l'obligation imposée au grevé de vendre les meubles compris dans la substitution, sauf les cas où par exception il lui est permis de les conserver en nature. Ajoutons qu'il peut obtenir du juge royal l'autorisation de les garder, à charge de les imputer sur ce qu'il a droit de prélever soit pour sa légitime, soit pour ses détractions.

2° C'est dans le même esprit de conservation qu'a été été établie la nécessité imposée au grevé par l'art. 1 du deuxième titre de l'ordonnance, de faire dans le délai d'un mois, à partir du décès du substituant l'inventaire de tous les biens et effets composant la succession de celui-ci. Cet inventaire doit être dressé par un notaire royal, dans les formes ordinaires, c'est-à-dire suivant la coutume des lieux, en présence du premier substitué, ou de son tuteur, curateur ou administrateur et dans le cas où il ne serait pas encore né d'un curateur nommé *ad hoc*. Cet inventaire doit être fait également en présence des gens du roi ; il doit contenir la prisée des meubles même dans les pays où elle n'est pas en usage.

Si donc le grevé a négligé de le faire dresser dans le délai d'un mois, le premier substitué peut alors y faire procéder en y appelant le grevé, contre lequel il pourra répéter les frais de l'inventaire. (II. 2) Enfin, dans le cas où le substitué néglige lui-même d'y procéder, l'inventaire sera dressé aux frais du grevé, sur les diligences du procureur du roi. Dans ce cas, et dans celui où il y a contestation entre les parties pour savoir s'il y a ou non lieu de faire inventaire, il sera fait, non plus par un notaire, mais en justice, par devant le siège royal, le plus proche ressortissant nuement d'une cour de parlement.

Cette obligation de faire inventaire reçoit une double sanction — 1° Le grevé ne pourra obtenir l'ordonnance de mise en possession qu'en justifiant de l'avoir remplie.—2° Faute de se conformer, dans le délai légal, aux prescriptions de l'art. 1, il sera privé des fruits de la substitution jusqu'au jour où il les aura accomplies ; les fruits seront attribués au substitué, et s'il n'est pas né à l'hôpital du lieu. (art. 42). Ce qui doit s'observer, encore que la substitution soit faite au profit des enfants du grevé, même soumis à sa puissance paternelle, dans les pays où elle est en usage. Cette peine de la privation n'atteindrait pas les pupilles mineurs, les interdits, l'Eglise, les hôpitaux, jouant le rôle de grevés; mais des amendes devraient être prononcées contre leurs tuteurs, curateurs ou administrateurs, au profit du premier appelé, et s'il n'existe pas encore, au profit de l'hôpital.

3° L'ordonnance, qui,à raison de leur peu de consistance, avait prohibé la substitution des meubles en nature, avait dû *a fortiori*, prendre ses précautions pour assurer la restitution des deniers compris dans la substitution. — C'est dans ce but qu'elle a prescrit qu'il en serait fait emploi, suivant les règles qu'elle a établies. Le grevé doit faire emploi des sommes comprises dans la substituion, ou qui proviennent, soit de la vente des meubles, soit du remboursement des créances ou des rentes, soit du prix des offices vendus, réunis ou supprimés. Lorsque le substituant a fixé les conditions de l'emploi, on se conformera à ses instructions, sinon les sommes seront employées, en premier lieu, à acquitter les dettes ou à rembourser les rentes qui pèsent sur les biens substitués, et pour le surplus, l'emploi doit être fait en acquisition d'immeubles ou de rentes foncières ou constituées. Cet emploi pour les sommes libres au moment de l'entrée en possession du grevé, doit avoir lieu dans un délai fixé par l'ordonnance d'envoi en possession. Quant aux deniers qui rentreront dans le cours de sa jouissance, le grevé devra les employer dans les trois mois. Cet emploi devra se faire en présence du premier substitué ou lui dûment appelé, et s'il n'est pas né, d'un curateur *ad hoc* comme pour l'inventaire.

La sanction de cette obligation est établie par l'art. 15, qui dispose, que, faute d'avoir fait emploi de la manière réglée par les articles précédents, le grevé sera responsable et tenu sur ses biens libres, tant des sommes qui auraient dû être employées, que de tous dépens et dommages intérêts, envers les appelés. Et notre article ajoute que les débiteurs de rentes qui les auront remboursées, ne pourront être responsables du défaut d'emploi, à moins qu'ils n'aient payé au mépris d'une opposition formée entre leurs mains. Cette disposition paraît surabondante; car le grevé étant propriétaire *pendente conditione*, a qualité pour recevoir le paiement des dettes, et en donner valable quittance; d'ailleurs serait-il juste de faire peser sur les débiteurs des rentes, les conséquences de la non-exécution d'une formalité qui ne leur est pas imposée. Ce n'est pas eux qui sont chargés de procurer le remploi, serait-il juste de les punir ? Bien que l'article ne parle que des débiteurs de rentes, il devrait être étendu à tous les débiteurs qui payent entre les mains du grevé; il n'y a aucune raison de distinguer et *ubi eadem est ratio, idem jus esse debet.*

4° Il importe à la sécurité du commerce et des transactions que les tiers soient avertis des graves restrictions apportées par la substitution à la propriété du grevé. C'est dans ce but qu'a été organisé chez nous le système de l'insinuation des substitutions.

C'est sous le règne d'Henri II, dans une ordonnance du mois de mai 1553, que nous trouvons pour la première fois édictée cette sage précaution ; voici en quels termes : « Art. 4. — Pour éviter les « fraudes que pourraient faire les héritiers tant in« stitués que *ab intestat*, qui, pour frauder les sub« stitués, fidéicommissaires, légataires ou donataires, « pourraient céler le contenu aux testaments de

« ceux auxquels ils avaient succédé, et contracter
« au préjudice d'iceux ès choses sujettes à substitu-
« tion ou legs; voulons et ordonnons que tous tes-
« taments portant substitution ou legs sujets à re-
« tour, purement, simplement et conditionnelle-
« ment, ou autrement, en quelque manière que ce
« soit, soient publiés, insinués et enregistrés en ju-
« ridictions royales, et par le greffier à ce respecti-
« vement par nous commis; et que tous héritiers,
« soit institués ou *ab intestat*, seront tenus de faire
« publier, insinuer et enregistrer lesdits testaments
« dedans trois mois après la mort des testateurs, ou
« qu'ils auront la connaissance des successions ainsi
« advenues, et ce sur peine d'être privés d'icelles
« successions, et des dommages et intérêts, en quoi
« pourraient échoir et encourir lesdits substitués,
« fidéicommissaires, légataires et acheteurs envers
« lesquels seront obligés et hypothéqués non-seule-
« ment les biens immeubles auxdits héritiers échus,
« mais aussi leurs autres immeubles propres, la
« quinzaine passée après lesdits trois mois, par faute
« d'avoir fait leur insinuation et enregistrement;
« laquelle insinuation et publication leur servira, et
« aux substitués fidéicommissaires et légataires,
« qui, pour la conservation de leur droit, pourront
« prendre acte et instrument des clauses dudit tes-
« tament, faisant mention de leur substitution,

« fidéicommis et droits prétendus, et par lesquels
« ils prétendent être substitués, appelés et avoir
« droit auxdites successions, portions d'icelles du
« fidéicommis. »

Cette ordonnance resta sans exécution, et l'insinuation fut de nouveau prescrite et définitivement
établie par la célèbre ordonnance de Moulins, rendue
en 1566.

En voici le texte : « Ordonnons aussi que doréna-
« vant toutes dispositions entre vifs, ou de dernière
« volonté, contenant substitutions, seront pour le
« regard d'icelles substitutions, publiées en juge-
« ment à jour de plaidoierie, et enregistrées aux
« siéges royaux plus prochains des lieux de demeu-
« rance de ceux qui auront fait lesdites substitu-
« tions, et ce, dans six mois, à compter quant aux
« substitutions testamentaires, du jour du décès de
« ceux qui les auront faites; et par le regard des
« autres, du jour qu'elles auront été passées, autre-
« ment seront nulles et n'auront aucun effet. »

Comme on le voit, l'ordonnance de Moulins frap-
pait de nullité les substitutions qui n'avaient pas
été insinuées dans le délai de six mois. Il pouvait
paraître dur de faire dépendre l'effet des dispositions du testateur de la volonté du grevé; aussi plusieurs auteurs, parmi lesquels il faut compter Ricard,
pensèrent que cette nullité devait s'entendre avec un

certain tempérament, à savoir que la substitution
non insinuée ne pourrait être opposée aux créanciers du grevé, ainsi qu'aux tiers acquéreurs, mais
qu'elle serait valable à l'encontre de ses héritiers
légataires et donataires. Cette interprétation fut
adoptée par une déclaration du 17 novembre 1690,
introductrice d'un droit nouveau en ce qu'elle permettait de faire l'insinuation même après l'expiration du délai de six mois, sauf à ne lui donner effet
que du jour de sa date.

L'ordonnance de Moulins et la déclaration de 1690
n'avaient pas été observées au parlement de Toulouse, dont la jurisprudence maintenait même à
l'encontre des créanciers et des tiers acquéreurs les
substitutions non insinuées.

Les parlements de Besançon et de Grenoble n'a-
vaient point non plus enregistré l'ordonnance de
Moulins. C'est ce qui motiva plusieurs autres dispositions législatives, un édit du mois de juillet 1707,
une déclaration du 18 janvier 1712, une autre du
14 septembre 1721, enfin une dernière du 22 août
1739, prescrivant à ces deux parlements l'observation des formalités édictées par l'ordonnance de
1566. Enfin arriva l'article 18 de l'ordonnance de
1747, qui ordonne la publication à l'audience du
siége royal du domicile du testateur, ou du lieu où
le contrat de donation avait été passé et de celui de

la situation des biens substitués, et l'enregistrement aux greffes des mêmes tribunaux; « le tout à la « charge des donataires, héritiers institués, léga- « taires universels ou particuliers grevés de substitu- « tion , même des héritiers légitimes , lorsque la « charge de la restitution du fidéicommis tombera « sur eux dans le cas de droit. »

Les legs conditionnels, qui présentent, ainsi que nous l'avons remarqué, la plus grande analogie avec les substitutions, les fidéicommis étant de tous points égalés aux legs, doivent-ils être insinués? C'est l'avis de Ricard, de Thévenot et de Pothier; mais Furgole adopte l'opinion contraire.

L'ordonnance exige que l'insinuation soit faite devant un siége royal (art. 20), et qui plus est, devant un siége royal ressortissant immédiatement d'un parlement. Il était naturel qu'il en fût ainsi, comme le remarque Furgole, puisque, d'après l'ordonnance, toutes les premières juridictions ordinaires sont incompétentes en ce qui touche la matière des substitutions. Les justices seigneuriales n'ont pas qualité pour procéder à cette formalité; si donc le testateur avait son domicile dans le ressort de l'une d'elles, l'insinuation devrait se faire au tribunal qui aurait la connaissance des cas royaux.

La forme réglée pour insinuer est une lecture

faite à haute voix en audience publique, les plaids tenauts, de l'acte contenant la substitution suivie de l'enregistrement au greffe dudit acte. Pour accomplir ces prescriptions, l'art. 27 du titre II de l'ordonnance accorde un délai de six mois à partir, soit du décès de l'auteur de la substitution, si elle est testamentaire, soit du jour de l'acte entre vifs qui l'a établie. Faite dans ce délai, l'insinuation a un effet rétroactif au jour du décès ou de la donation. Si, au contraire, on a laissé écouler ce temqs, l'insinuation est encore utile, mais n'a plus d'effet qu'à sa date, de sorte que les aliénations et les hypothèques antérieurement consenties devraient être respectées par les appelés (art. 29). L'insinuation rend donc les biens de la substitution inaliénables, en ce sens qu'elle fait tomber devant le droit des substitués, toutes les aliénations, constitutions d'hypothèques ou d'autres droits réels consentis par le grevé, sauf toutefois les exceptions que nous étudierons ci-après. Si donc l'insinuation a eu lieu dans les six mois, tous les tiers acquéreurs, et si elle a eu lieu postérieurement, les tiers qui ont acquis depuis, seront exposés à la revendication des appelés, sauf à recourir sur les biens libres du grevé qui leur doit garantie de l'éviction. Mais si le tiers acquéreur avait fait des améliorations, le substitué devrait l'indemniser ; car nul ne peut s'enrichir aux dépens d'autrui. (Furgole — sur l'art. 31 — du titre II). Quant au recours du tiers acquéreur sur les biens libres de son vendeur, il l'exerce uniquement pour la restitution du prix, sans qu'il ait aucune action en vertu de la stipulation du double ou de la garantie même expressément mentionnée dans le contrat, ni pour les améliorations. Telle était l'économie de la loi 3, § 4. — *Communia de legalis* au code, — loi qui était notre règle avant l'ordonnance, et à laquelle celle-ci n'a pas dérogé (Furgole, *eodem loco.*)

Si le substitué se trouve devenir l'héritier pur et simple du grevé qui a mal à propos aliéné les biens de la substitution, que décidera-t-on? A ne consulter que les principes du droit, il est manifeste qu'ayant par l'acceptation pure et simple confondu sa personne avec celle du grevé, l'appelé ne peut plus évincer les acquéreurs : *quem de evictione tenet actio eumdem agentem repellit exceptio.* Mais l'ordonnance déroge à ces principes en accordant à l'appelé héritier pur et simple du grevé, la revendication des biens substitués. Au reste, des mesures sont prises pour que l'acquéreur soit complétement indemne, l'art. 31 porte, en effet : «En cas qu'ils (les appelés) « revendiquent les biens aliénés, les acquéreurs se- « ront tenus de les délaisser, sauf leur recours sur « les biens libres du vendeur. Ce qui sera observé

« encore que le substitué se trouve en même temps
« héritier pur et simple du vendeur, sans néan-
« moins qu'en ce cas il puisse déposséder l'acqué-
« reur qu'après l'avoir remboursé entièrement du
« prix de l'aliénation frais et loyaux coûts.» Ce qu'il
faut entendre en ce sens que l'acquéreur aura contre
le substitué qui l'évince non seulement une action en
restitution du prix, des frais et des loyaux coûts du
contrat, mais encore un droit de rétention sur les
biens qu'il doit restituer, jusqu'à l'entier payement
de ce qui lui est dû. Tel est du moins l'avis de Furgole.

L'ordonnance ayant établi un mode de porter
les substitutions à la connaissance des tiers, les substitués ne seraient pas admis à prouver que, si l'insinuation a fait défaut, les créanciers du grevé ou les
tiers acquéreurs en ont cependant eu connaissance
d'une autre manière (I, art. 33).

Maintenant quelles sont les personnes qui peuvent
ou ne peuvent pas opposer le défaut d'insinuation,
et quelles sont celles à qui il peut l'être. Ces points
ont été réglés par les articles 32 et 34 du titre I de
l'ordonnance.

Les créanciers hypothécaires du grevé, ainsi que
les tiers acquéreurs, peuvent seuls opposer le défaut
d'insinuation. (Art. 32, tit. II.) Remarquons que
l'article dit *tiers-acquéreurs*, ce qui suppose de leur

part un titre d'acquisition , et de la part du grevé une véritable aliénation, le tiers détenteur qui, sans avoir contracté avec le grevé, n'aurait d'autre titre que sa possession même, ne devrait pas être admis à se prévaloir du défaut d'insinuation. (Furgole, sur l'article 32.)

Les donataires ou légataires particuliers du grevé, ceux qui possèdent à titre gratuit, ne pourront donc pas opposer au grevé le défaut d'insinuation. Ses héritiers et légataires universels ne le pourront pas non plus : en effet, ils ne peuvent se prévaloir de ce que leur auteur n'a pas rempli les formalités qui lui étaient imposées. (II, 34.)

Le défaut d'insinuation pourra être opposé même « aux pupilles, mineurs, interdits, à l'église, aux « hôpitaux, communautés, et tous autres qui jouis- « sent du privilége de mineur » (art. 31), sans que leur qualité puisse les rendre restituables contre ce défaut, sauf toutefois leur recours contre leurs tu- teurs, curateurs ou administrateurs.

Pour assurer l'exécution des obligations impo- sées au grevé, il est déclaré que le grevé ne pourra se mettre en possession réelle des biens de la subs titution qu'après avoir obtenu une ordonnance du juge royal, ce qu'il ne pourra faire qu'en justifiant de l'insinuation et de l'accomplissement de l'inven- taire.

Reste à examiner l'influence de l'insinuation comme point de départ du moment où les fruits commencent à être dus au grevé. A ce point de vue encore il faut distinguer si elle a eu lieu dans les six mois ou après l'expiration de ce délai. Dans le premier cas les fruits seront dus depuis le jour du décès du substituant, ou depuis celui de la donation. Dans le second, ils ne le seraient que du jour de l'insinuation, et les fruits antérieurs à ce moment seraient attribués à l'appelé, et s'il n'était pas né, à l'hôpital du lieu (II. 41). La même peine de la privation des fruits serait infligée au grevé qui néglige de faire inventaire des biens substitués dans le cas où il est prescrit (II. 42). Et cette peine s'appliquerait même au père grevé de substitution envers ses enfants, encore bien qu'il ait ceux-ci sous sa puissance. Ce qui comme le remarque Furgole, déroge au droit romain, qui exemptait de toute peine l'administration du père vis-à-vis de ses enfants en puissance : « et « gubernatio rerum earum sit penitus impunita. » (Loi 6 § 2, Cod. *de bonis quœ liberis.*)

Mais les pupilles, mineurs, interdits, églises, hôpitaux, etc., n'y seraient pas soumis (art. 44); en revanche, leurs tuteurs, curateurs ou administrateurs pourraient, en raison de leur négligence, être condamnés à une amende envers le premier substitué ou l'hôpital.

L'obligation où se trouve le grevé de restituer un jour à l'appelé les biens de la substitution altère entre ses mains de la façon la plus grave son droit de propriété, en paralysant, en principe du moins, le droit d'aliénation. Cependant ce principe ne doit pas être poussé trop loin, car il admet un certain nombre d'exceptions que nous allons étudier.

Nous savons déjà que le défaut d'insinuation a pour effet de faire échapper les aliénations consenties par le grevé à la revendication du substitué ; nous venons d'exposer ce qui touche cette première exception, et nous n'y reviendrons pas : remarquons que, dans ce cas, il n'est pas permis au grevé d'aliéner, puisqu'il est exposé au recours du grevé.

Au contraire nous allons étudier des cas où le grevé a la faculté d'aliéner les biens substitués, sans que les appelés puissent évincer l'acquéreur, alors même que leurs droits ont été conservés par l'effet de l'insinuation.

Le grevé peut valablement disposer à sa volonté du droit qu'il a sur les biens substitués, mais bien entendu il ne peut transférer ainsi un droit plus étendu que le sien propre ; c'est-à-dire que propriétaire résoluble, il ne transfère pas une propriété incommutable, mais seulement résoluble. Quand donc s'ouvrira la substitution, l'aliénation sera révoquée, et tout se passera pour les appelés comme si elle n'avait pas eu lieu : « Gravatus fidéicommisso conditionali potest interim alienare et alienatio transfert dominium. » (Peregrinus art. 40, n° 27). C'est aussi dans le même sens que Ricard dit : « Pendant la condition, l'héritier dispose du bien légué comme de sa propre chose. » Ce droit est d'ailleurs reconnu par l'art. 43 de l'ordonnance de 1742, qui dispose que la restitution anticipée ne pourra nuire à ceux qui auront acquis du grevé des biens substitués. « En sorte, dit Furgole, sur cet article, que les tiers acquéreurs doivent demeurer en possession des biens par eux acquis de celui qui aura fait la restitution anticipée; et ils ne peuvent en être évincés par le substitué, auquel la remise anticipée aura été faite, jusqu'au temps auquel le fidéicommis sera échu, selon que le substituant l'aura réglé par sa disposition. » Les motifs qui ont dicté cette décision sont nettement exprimés dans ce passage de la réponse du parlement de Bourgogne à la trente-huitième question du chancelier : « Permettre au grevé, dont ils (les tiers possesseurs) tirent ordinairement leur droit, de l'anéantir néanmoins par une remise anticipée, ce serait lui accorder la faculté de détruire son fait par un fait postérieur qui lui serait personnel, et qui n'aurait d'autre fondement qu'un changement de volonté arbitraire; ce qui semble résister au principe de la bonne foi, de l'équité et de la justice. »

L'aliénation des biens substitués est entièrement valable quand elle a eu lieu pour le payement de dettes du disposant, et ne donne aucune action au substitué. En effet, le droit des créanciers du disposant prime et les droits du grevé et ceux des substitués, *bona non intelliguntur nisi deducto œre alieno*; et comme le dit fort bien Thévenot : « Il ne peut dépendre du débiteur en disposant de ses biens, d'empêcher l'exercice des actions qui étaient acquises sur ces biens à des tiers. » On est donc forcé d'accorder au grevé le droit d'aliéner les biens substitués; car, à quoi bon lui interdire de devancer des poursuites auxquelles il ne peut se soustraire? les biens substitués, du reste, ne seraient aliénables de ce chef que s'il ne se trouvait pas dans l'hérédité du disposant des biens libres suffisants à l'acquittement des dettes.

Outre la raison juridique que nous venons d'indiquer, il est certain qu'il serait directement contraire à l'esprit même des substitutions de placer l'inaliénabilité des biens substitués au dessus de l'intérêt d'honneur qu'ont les familles à acquitter les dettes de leur auteur.

Que si l'aliénation avait été faite par le grevé avec le consentement bien clairement manifesté de tous ceux qui ont vocation à la substitution, elle transférerait une propriété incommutable. Nous disons le consentement de tous les appelés; car si ceux du premier degré avaient seuls donné leur consentement, l'aliénation valable quant à eux ne pourrait être opposée à ceux des degrés ultérieurs qui ne l'auraient pas donné.

Mais en consentant à la vente, l'appelé conserve-t-il le droit d'exiger du grevé le prix qu'il a reçu ? La négative et l'affirmative invoquent également le droit Romain. Cujas adopte la négative : « si consensisset venditioni nullam fideicommissi petitionem haberet, id est, neque fundi, neque æstimationis. »

Peregrinus, au contraire, est de l'avis opposé (art. 40, n° 85); c'est aussi à ce dernier que se range Thévenot d'Essaule : « Car enfin, dit-il, consentir à la vente n'est pas renoncer au fidéicommis absolument et en tous sens : c'est simplement consentir que la vente ait son effet; ce qui n'emporte que la renonciation à la faculté d'enlever la chose à l'acheteur, *habere licere*. C'est bien abdiquer indirectement la chose; mais ce n'est pas en abdiquer le prix pour que le grevé puisse le conserver à perpétuité. Pourquoi le grevé profiterait-il irrévocablement du prix, quand il n'est pas évident que telle ait été l'intention du substitué en consentant à la vente ? »

Il est de l'intérêt public de faciliter les mariages;

cette idée a, dans presque toutes les législations et à
toutes les époques, été la source de nombreuses dispositions exceptionnelles et favorables, ayant pour
but d'engager les citoyens à contracter des mariages
légitimes et de leur en faciliter en même temps les
moyens.

Nous avons vu quelle est sur ce point la doctrine
admise par les lois romaines. La même pensée s'est
retrouvée chez nous; c'est ainsi que, par dérogation
à l'inaliénabilité des biens substitués, l'ordonnance,
confirmant en cela la jurisprudence antérieure, accorde à la femme du grevé une hypothèque sur les
biens substitués, mais subsidiairement et dans le cas
seulement où celui-ci n'aurait pas assez de biens
libres pour garantir la restitution de la dot et du
douaire . Furgole va plus loin, et bien que l'ordonnance ne comprenne rien qui le déclare *in terminis*,
il s'appuie sur l'extension du mot *femme*, employé
dans l'art. 44, pour assimiler sur ce point notre
droit au droit romain. L'art. 44 du titre I de l'ordonnance porte : « L'hypothèque ou le recours
« subsidiaire accordé aux femmes sur les biens subs-
« titués en cas d'insuffisance des biens libres, aura
« lieu, etc. ». Et sur cet article, Furgole observe :
« Ces termes sont indéfinis et comprennent non
seulement les femmes des héritiers grevés, pour leur
accorder le recours subsidiaire en répétition des dots

qu'elles auront constituées en deniers à leurs maris grevés de substitution; mais encore les femmes héritières grevées, qui, en se mariant auront constitué des dots en deniers ou en fonds à leur mari, comme dans le cas de la loi 22, § 4, *ad S.-C. Trebellianum, D.* Et les femmes auxquelles leurs pères héritiers grevés, auront fait des constitutions en deniers ou en fonds dépendants d'une substitution; car l'article ne limite pas sa disposition aux femmes des héritiers grevés; il parle en général des femmes sans aucune limitation ni restriction. Il comprend donc, comme nous l'avons dit, toutes les femmes, soit qu'elles aient à répéter leurs dots sur les biens substitués, soit qu'elles aient à prendre leurs dots sur les mêmes biens constitués, suivant Monsieur d'Olive.»

Cette idée est-elle bien juste? et ne faut il pas plutôt fixer le sens du mot *femme* dans l'art. 44, à l'aide des restrictions contenues dans les articles suivants, qui tous désignent ou supposent la femme du grevé à qui son père a constitué une dot, et non la femme grevée elle-même, qui prend sa dot sur les biens substitués?

C'est la volonté présumée du disposant qui sert de base à cette dérogation à l'inaliénabilité de la substitution : rien n'est plus naturel à l'homme, en effet, que le désir de voir son nom se perpétuer dans sa descendance légitime.

On doit donc penser que le disposant, en grevant de substitution son fils ou tout autre de ses descendants, n'a pas entendu affecter son crédit de façon à lui enlever toute chance d'un mariage avantageux. C'est ce qui fait dire à Pothier : « Comme on ne peut guère trouver un honnête établissement, par mariage, sans avoir de quoi répondre de la dot de la femme qu'on épouse, et de quoi assigner un douaire, on présume que l'auteur de la substitution qui a voulu que celui qu'il grevait de substitution se mariât, n'a pas prétendu, en le grevant de substitution, lui en ôter les moyens, et qu'en conséquence il lui a permis d'engager et d'entamer les biens substitués, autant qu'il serait nécessaire, à défaut d'autres, pour la restitution de la dot de sa femme et pour assigner un douaire. » L'hypothèque subsidiaire sur les biens substitués est donc donnée à la femme du grevé *ex præsumpta patris voluntate.* D'où il suit que, si le disposant avait manifesté l'intention qu'elle n'eût pas lieu, on ne devrait pas l'admettre. Que si le disposant, au lieu d'être l'ascendant, n'est que le collatéral du grevé ou même un étranger, comme on ne peut lui attribuer un aussi vil désir de voir se perpétuer la race de ce dernier, on refusera à sa femme l'hypothèque subsidiaire, sauf le cas où il aurait implicitement lui-même invité le grevé au mariage en plaçant les enfants de celui-ci

soit dans la disposition soit dans la condition (art.
53).Dans ces deux hypothèses, l'auteur de la substitution a voulu que le grevé se mariât puisqu'il appelle ses enfants, ou qu'il les préfère à ceux qu'il
substitue.

Avant l'ordonnance c'était une question agitée
entre les auteurs, et qui divisait les parlements, de
savoir si l'hypothèque subsidiaire devait dans le cas
de substitution graduelle, être successivement accordée aux femmes de tous les appelés, jouant le
rôle de grevés vis-à-vis des appelés du degré inférieur. Ricard avait embrassé la négative par ce motif
que les biens substitués pourraient être absorbés
complètement par l'effet de ces hypothèques successives. Mais son opinion fut repoussée par l'ordonnance qui accorde à tous les degrés le secours de
l'hypothèque subsidiaire (art. 52). De même on
s'était divisé sur la question de savoir si toutes les
femmes du grevé, en cas qu'il contractât plusieurs
mariages successifs, jouiraient du bénéfice de l'hypothèque subsidiaire. Ricard ne l'accordait qu'à la
première; mais l'ordonnance par le même article
fit prévaloir l'avis contraire en réservant toutefois,
les droits des enfants nés des mariages antérieurs :
«...... sans, néanmoins qu'aucune desdites fem-
« mes puisse exercer ladite hypothèque contre les
« enfants ou descendants d'un mariage antérieur

« au sien, lorsque ce seront eux qui recueilleront
« l'effet de la substitution. »

Si le mariage est antérieur à la substitution, l'hypothèque subsidiaire sera-t-elle accordée à la
femme? il semble au premier abord que la raison
qui a fait admettre l'hypothèque manque ici. Cependant, si l'on considère que la femme a pu compter que la restitution de sa dot et de son douaire serait garantie par une hypothèque sur les biens que
son mari recueillerait dans la succession de ses
parents, on verra qu'il serait injuste de frustrer sa
légitime espérance, dans le cas où postérieurement
les ascendants viendraient à grever de substitution
les biens qu'ils laissent à son mari. La même raison,
il faut le reconnaître, n'existe pas, si la substitution
a été faite par un collatéral ou un étranger; mais
comme dans l'un et l'autre cas, l'ordonnance
accorde l'hypothèque subsidiaire sans distinguer si
la substitution précède ou suit le mariage, il nous
paraît, et c'est aussi le sentiment de Pothier, qu'il
faut l'admettre même dans ce cas : *Ubi lex non
distinguit nec non distinguere debemus.*

Cette hypothèque subsidiaire assure à la femme
la restitution de sa dot, et sous cette expression il
faut comprendre tant le capital que les fruits et
intérêts qui peuvent lui être dus, à elle ou à ses
héritiers, depuis la dissolution du mariage ou la

séparation. (Art. 44.) La femme commune, en pays coutumier, qui a consenti l'aliénation de ses propres, la femme dotale en pays de droit écrit, qui a consenti celle de ses fonds dotaux, n'ont aucune hypothèque sur les biens substitués de leur mari pour la garantie de la créance qui leur appartient de ce chef : en effet, si l'insolvabilité du mari compromet leur droit, elles ne doivent s'en prendre qu'à leur propre imprudence. Et cette décision doit être suivie tant dans les pays où cette aliénation est valable que dans ceux où elle est nulle, c'est-à-dire dans le ressort du parlement de Toulouse, de Bordeaux et d'Aix en Provence, sauf à la femme à se pourvoir contre les tiers détenteurs. (Art. 49). Pareillement aucun recours ne sera accordé à la femme du grevé qui s'est obligée pour son mari, encore qu'elle eût acquitté les obligations ainsi contractées, et lors même qu'on se trouverait dans le ressort des parlements précités, ou de pareils engagements sont regardés comme nuls. (Article 50.)

Non seulement la dot, mais encore le douaire soit coutumier, soit conventionnel ou préfixe, est garanti à la femme, et à ses enfants, dans les coutumes où ceux-ci y ont droit, par l'hypothèque subsidiaire. Le calcul du douaire coutumier s'opère sur la masse des biens tant libres que substitués qui appartiennent au mari. Ce calcul fait, le douaire doit être pris d'abord sur les biens libres, et ce n'est qu'en cas d'insuffisance de ceux-ci que les biens substitués en répondent. Quant au douaire préfixe, s'il excède la valeur du douaire coutumier, il n'est garanti par l'hypothèque subsidiaire que jusqu'à concurrence de ce dernier. (Article 15). Les intérêts et les fruits du douaire sont garantis comme le capital.

Dans les pays de droit écrit l'augment de dot, qui porte aussi les divers noms d'agencement, de gain de survie, ou de donation à cause de noces, tient lieu du douaire. Il est garanti à la femme du grevé par une hypothèque subsidiaire tant pour le capital que pour les fruits, mais sous deux restrictions, à savoir : 1° qu'il n'excède pas ce qui est réglé par l'usage du pays, et 2° qu'il ne dépasse pas le tiers de la dot, le surplus ne pouvant jamais être réclamé que sur les biens libres du mari. (Article 16)

Les autres conventions matrimoniales, telles que le préciput, la donation des bagues et joyaux, le deuil, etc., ne jouissent pas de la même garantie. (Art. 18).

Le recours subsidiaire de la femme sur les biens substitué, n'est pas un droit qui soit attaché à sa personne ou à celle de ses enfants, comme était le privilége que lui conférait pour le recouvrement de sa dot le droit de Justinien. L'ordonnance décide formellement que ses héritiers, successeurs ou ayant cause, ainsi que ses créanciers seront recevables à l'invoquer. (Art. 51).

Devrait-on s'autoriser également de la volonté présumée du disposant, pour permettre l'aliénation des biens substitués dans des cas très favorables, par exemple pour tirer de captivité le grevé enlevé par les corsaires d'Alger ? Pothier adopte l'affirmative, mais en recommandant aux juges la plus grande réserve dans l'application de ce principe.

L'aliénation forcée, la vente sur saisie réelle, nommée dans notre ancienne jurisprudence le décret des biens, a-t elle pour effet de purger le fidéicommis ? En d'autres termes, les acquéreurs des biens substitués saisis et vendus peuvent-ils être évincés par les appelés?

Le droit romain avait pensé que les créanciers du grevé ne pouvaient vendre que les droits qui lui appartenaient, par conséquent dans le cas qui nous occupe, la propriété temporaire et résoluble du fidéicommis. D'où il suit que lorsqu'arrivait l'événement qui devait donner ouverture à la substitu-tion l'appelé pouvait revendiquer. Ces principes, éminemment justes, ont été suivis chez nous; mais depuis que la formalité de l'insinuation a été établie, on a fait une distinction. Si la substitution a été insinuée, les tiers acquéreurs étant censés l'avoir connue, le décret ne fera pas obstacle à la revendication des appelés ; au contraire, ceux-ci ne pourraient évincer les acheteurs, si la substitution n'avait pas été portée par l'insinuation à la connaissance des tiers.

Que si les biens substitués avaient été saisis et mis en vente, pour le payement des dettes du disposant ou des autres charges de la substitution, il est incontestable qu'en pareil cas, le décret purgerait le fidéicommis, eût-il été insinué.

L'art. 55 de l'ordonnance va même jusqu'à décider que le décret ne peut nuire aux substitués, bien que leur droit eût été ouvert antérieurement à la saisie, et qu'ils n'y eussent pas fait opposition.

L'inaliénabilité des substitutions dont nous venons d'étudier les caractères et les exceptions, doit-elle avoir pour corrollaire l'imprescriptibilité des biens substitués ? sur ce point l'ordonnance est entièrement muette, ce qui semble d'autant plus étonnant qu'il soulève de graves difficultés.

Le droit romain avait adopté en matière de prescription une règle excellente, et dont notre droit ne s'est jamais départi, c'est que la prescription ne peut courir au préjudice de gens impuissants à s'en garantir, *contra non valentem agere non currit pres-*

criptio. Cette raison semble militer chez nous en faveur du substitué avec plus de force encore qu'à Rome, où celui-ci pouvait jusqu'à un certain point se mettre à l'abri du dommage qui pouvait lui causer la prescription en exigeant du grevé qu'il donnât caution de restituer les biens substitués, faculté qui lui fait défaut chez nous.

Il faut bien reconnaître que de grands esprits sont tombés en cette matière dans d'étranges confusions. Après l'ouverture du fidéicommis, il n'y a pas de doute que la prescription ne puisse courir contre l'appelé : il peut dès lors agir et se protéger, et par conséquent il cesse d'être couvert par la maxime *contra non valentem agere.* D'où il suit que non seulement les tiers, mais le grevé lui-même pourront prescrire; mais ce dernier nécessairement de mauvaise foi ne pourra prescrire que par une possession de 30 ou 40 ans (30 ans seulement aujourd'hui qu'il n'existe plus de plus longue prescription). Ricard allait plus loin; il pensait : « que le titre en vertu duquel le grevé possède résiste perpétuellement à ce qu'il puisse acquérir la qualité de véritable possesseur, étant comme le fermier qui a commencé sa jouissance en vertu d'un bail.» A notre sens ceci n'est pas exact : si le fermier ne peut prescrire, c'est qu'il ne peut se changer son titre à lui-même, et qu'il n'a pas commencé par posséder *animo domini*. Il n'en est pas de même du grevé, propriétaire avant l'échéance du fidéicommis, on ne peut lui méconnaître l'*animus domini* le plus énergique qui se puisse rencontrer ; or, le grevé qui possédait à titre de propriétaire n'a nul besoin de changer son titre pour prescrire contre l'appelé. Si l'on admettait le raisonnement de Ricard, il faudrait refuser aussi à l'héritier le droit de prescrire contre le légataire ; car la raison serait la même.

Mais avant que la substitution soit ouverte, c'est-à-dire avant que le droit des appelés ne soit né, la prescription peut-elle courir contre eux? Telle est la question véritable.

Peregrinus fait sur ce point une distinction difficile à justifier (art. 41, n° 8, n° 18). Suivant lui, le grevé ne peut pendant la condition, prescrire contre les appelés par application de la règle *contra non valentem*, mais il accorde aux tiers détenteurs le bénéfice de prescription ; l'appelé cependant ne peut agir plus contre ces derniers que contre le premier.

Ricard admet aussi la prescription contre les substitués pendant la condition, et les raisons qu'il en donne sont les suivantes : «..... à l'égard de la prescription, son fondement réside en la personne de celui qui prescrit, et non pas de l'héritier, de sorte qu'ayant un principe légitime et capable, il suffit, pour lui donner son secours, qu'il se trouve un légitime contradicteur de la qualité de l'héritier, lequel possède pour lui et en son nom, tant que la condition sous laquelle il a droit d'intenter pendant ce temps toutes les actions qui appartiennent à un véritable possesseur et propriétaire. Il a même plein pouvoir de recevoir des créanciers, d'acquitter les dettes de la succession, *ante restitutam hæreditatem solutiones et liberationes factæ ab hærede ratæ omnino habebuntur.* (Loi *ante* 104, *de solutionibus et liberationibus Π.*) De sorte qu'ayant le pouvoir d'agir de soi-même et de son chef, il s'ensuit par la raison des contraires, que n'y ayant que ceux qui sont empêchés d'agir contre lesquels la prescription ne court pas, qu'elle doit avoir lieu, en cette occasion, contre l'héritier, et qu'ayant été une fois acquise par les voies légitimes, elle retient son effet contre toute personne, et contre les fidéicommissaires qui succèdent aux intérêts de l'héritier, qui est établi pour la conservation des actions ; et c'est particulièrement pour ce sujet qu'on l'oblige à bailler caution, n'étant pas juste que le public qui s'intéresse dans la prescription, parce qu'elle acquiert le repos aux familles, soit frustré du recours qu'il en attend pendant tant d'années que l'effet d'un fidéicommis peut durer. »

Domat se prononce dans le même sens (Lois civiles, liv. 5, tit. 5, section 3, — n° 13 et 14, page 526)

Pothier admet aussi que les biens substitués peuvent être prescrits *pendente conditione*, non pas, il est vrai, par le grevé ou ses ayant cause, mais par les tiers qui ne tirent pas leur titre du grevé. « Si c'était un possesseur qui n'eût acquis ni médiatement, ni immédiatement du grevé l'héritage sujet à la susbtitution, il pourrait acquérir, par prescription, un droit de propriété de cet héritage, qui, n'étant pas celui qu'avait le grevé, ne serait pas sujet à la substitution comme l'était celui du grevé : la sujétion à la substitution, *causa fideicommissi*, étant une qualité du droit de propriété qu'avait le grevé, et l'extinction d'une chose entraînant celle de toutes les qualités de la chose, le droit de propriété qu'avait le grevé, venant à s'éteindre par la prescription qui s'est accomplie envers lui, la résolubilité de ce droit, au profit du substitué, dans le cas d'ouverture de la substitution qui était une qualité de ce droit, et en quoi consistait l'affectation de l'héritage de la substitution, ne peut plus subsister. »

Juridiquement parlant, sans doute, ce système est préférable ; mais en pratique, il conduirait à un résultat qui serait en opposition complète avec l'intention du substituant. Qu'a voulu celui-ci ? que ses biens, après avoir été pendant un temps plus ou moins long la propriété du grevé entrent plus tard dans le domaine de l'appelé. D'où il suit pour l'appelé, non pas, il est vrai un droit, mais une espérance, qui a quelque chose de réel et de sérieux, et dont la loi tient compte puisqu'elle accorde pour sa protection les actions conservatoires. Or, si l'on admettait la prescription, *pendente condilione*, à son préjudice, il s'en suivrait qu'il serait privé du bienfait que le substituant a voulu lui attribuer, et cela sans qu'aucune faute, aucune négligence lui soit imputable, puisqu'il n'a aucun moyen d'interrompre la prescription, attendu que n'étant pas propriétaire, il ne peut revendiquer. N'est-ce pas le cas d'appliquer la maxime « *contra non valentem agere non currit præscriptio?* » Ajoutons que le cas peut être prévu, où le grevé colluderait avec le tiers possesseur pour frustrer le substituant de ses légitimes espérances. Telles sont les raisons qui militent en faveur du système de ceux qui repoussent la prescription *pendente conditione*, système qui compte parmi ses défenseurs Thévenot d'Essaule et Furgole. Mais est-il bien exact de dire que le substitué sera exposé sans défense aux prescriptions, puisqu'on lui accorde les actions conservatoires, qui sont d'après la définition qu'en donne Thévenot lui-même : « celles qui tendent à empêcher qu'on ne rende son espérance illusoire et vaine. »

SECTION VI.

Droits et devoirs de l'appelé.

Nous avons eu plusieurs fois l'occasion de répéter qu'avant l'évènement de la condition qui doit
donner ouverture au fidéicommis, l'appelé est sans
droit sur les biens substitués, auxquels il n'a qu'une
vocation éventuelle, ne formant pour lui qu'une
simple espérance. Il résulte, de ce principe, que, si
l'appelé vient à mourir *pendente conditione*, il ne
transmet rien à ses héritiers, et la substitution
quant à lui est caduque (art. 20). L'ordonnance
prohibe absolument toute représentation en cette
matière, à moins que le disposant n'ait ordonné
qu'elle aurait lieu, ou que la dévolution de la substitution serait réglée suivant l'ordre des successions
légitimes (art. 21).

Pour ce qui est de la transmission, du reste, l'ordonnance ne déroge pas au droit commun, car il
en est de même de toute disposition testamentaire
sous condition suspensive. « Intercidit legatum, si
« ea persona decesserit cui legatum est sub con-
« ditione. » (L. 50, D. *conditionibus et demonstrationibus*). Au contraire, l'espérance qui naît d'un contrat conditionnel peut toujours être transmise aux
héritiers de celui dont le droit est en suspens. Cette

distinction n'est pas reçue en matière de substitution : qu'elle soit établie par testament ou entre-vifs, la prohibition de la transmission s'applique dans tous les cas en vertu de la nature essentiellement testamentaire de cette sorte de disposition. Nous savons, en effet, qu'à Rome, les fidéicommis ne purent être établis par donation entre vifs que dans le dernier état du droit, et que même constitués sous cette nouvelle forme, ils retinrent leur ancienne nature. C'est ainsi que pendant longtemps, il fut loisible au disposant, par acte entre vifs, comme nous allons en dire un mot plus bas, de décharger le grevé, au préjudice de l'appelé, de la substitution qui pesait sur la donation à lui faite. C'est également en vertu de sa nature testamentaire que la substitution peut, même entre vifs, être faite au profit de ceux qui n'y sont pas partie. Nous ne devons donc pas nous étonner de lui voir attribuer en matière de transmission les règles qui régissent les dispositions testamentaires.

L'appelé, bien qu'il n'ait qu'une simple espérance *pendente conditione*, est cependant, à raison de cette espérance, recevable à exercer les actions conservatoires des droits qui pourront lui échoir un jour. « Rien n'empêche, dit Ricard, qu'on ne puisse veiller pour des espérances.......... ces actions étant introduites pour le futur comme pour le présent. Un fidéicommissaire peut dans les règles veil-

ler à la conservation des choses sujettes à restitution. » (Chap. 13 n° 89). C'est ainsi que le vœu de
l'ordonnance est qu'il intervienne dans l'inventaire
que doit faire dresser le grevé, de même il a le droit
d'exiger que celui-ci fasse emploi des deniers de
la substitution. Il pourrait également, selon Pothier,
interrompre la prescription des droits qui y sont
compris, quand ils sont en péril par suite de la
négligence du grevé.

Le substitué peut même dans une certaine hypothèse agir pour obtenir caution du grevé, et subsidiairement pour se faire envoyer en possession
provisoire : c'est dans le cas où le grevé dégrade et
dilapide les biens de la substitution ; comme s'il
démolit les bâtiments, s'il arrache les plantations,
en un mot si sa jouissance tend *ad eversionem fideicommissi*. Mais le grevé ne serait pas admis à demander caution par cela seul que le grevé aliéne-
rait les biens de la substitution ; puisque de telles
aliénations ne peuvent lui nuire.

Dans notre ancienne jurisprudence cette espérance du grevé ne commençait à être solidement
assise que par la mort du disposant, dans le cas où
la substitution avait été établie par donation entre
vifs. Le fidéicommis pouvait être révoqué par une
convention intervenue entre le donateur disposant
et le donataire grevé. Ceci fut changé par l'ordon-

nance de 1731 sur les donations, qui dispose que les substitutions vaudront en faveur du substitué, par la seule acceptation du donataire. La question fut de nouveau longuement agitée dans les consultations préparatoires de l'ordonnance de 1747. Les partisans de l'ancienne jurisprudence se fondant sur la règle de droit *nihil tam naturale est quæque eo modo dissolvi quo colligata sunt*, prétendaient que le donataire n'était tenu envers le substitué, qui n'ayant pas accepté n'était pas partie au contrat, que par le concours de sa propre volonté et de celle du donataire; et que par conséquent, le concours de leur volonté se rencontrant de nouveau pour détruire ce qu'elles avaient établi précédemment, pouvait révoquer la substitution, jusqu'au moment où celle ci en s'ouvrant, ferait acquérir un droit au substitué. Les partisans de l'opinion contraire repoussaient cette idée que le donataire fût tenu envers l'appelé, par le contrat intervenu entre lui et le donateur, ce qui serait contraire au principe *nemo alteri stipulari potest*. La source de l'obligation du donateur envers le substitué était plutôt le quasi-contrat qui naissait entre eux de la simple acceptation de la donation par le donataire. de la même manière que l'acceptation d'une hérédité oblige *quasi ex contractu* l'héritier envers les légataires. Il s'en suit que l'engagement ainsi formé entre le donataire et le substitué, ne peut plus être détruit postérieurement que par la volonté de celui-ci, et non pas par celle du donateur qui est tout-à-fait étranger à cette obligation. Cette opinion fut adoptée, et l'article 11 de l'Ordonnance dispose que : « les substitutions faites par un contrat de ma- « riage ou par donation entre-vifs, bien et dûment « acceptée, ne pourront être révoquées, ni les « clauses d'icelles changées, augmentées ou dimi- « nuées par une convention ou disposition posté- « rieure, même du consentement du donataire ; et « dans le cas qu'il renonce à la donation faite en sa « faveur la substitution sera ouverte au profit de « ceux qui y auront été appelés. »

L'arrivée de la condition ou du terme incertain qui ouvre la substitution donne à l'appelé pour ré· clamer les biens substitués, les mêmes actions qui sont accordées au légataire, à savoir l'action réelle, l'action personnelle et l'action hypothécaire. L'ordonnance va plus loin; car elle accorde au substitué une hypothèque non-seulement sur les biens provenant du substituant, mais encore sur tous les biens du grevé (11-17).

A quel moment précis la propriété des biens substitués passe-t-elle sur la tête du grevé? C'est un point sur lequel nos anciens auteurs ne sont pas d'accord. Ricard et Thévenot pensent que la propriété du fidéi-commis n'est acquise à l'appelé que par son acceptation soit expresse soit tacite; Pothier tient que l'ouverture suffit à investir le substitué. Quoi qu'il en soit, il est certain que celui-ci, pour devenir propriétaire, n'a besoin d'aucune tradition; mais il est également vrai qu'il n'est pas saisi de plein droit, et qu'il doit demander au grevé ou à ses héritier la délivrance du fidéi-commis. Jusque-là le grevé gagne les fruits (art. 40); car il possède de bonne foi, n'étant pas obligé de savoir, comme le remarque Pothier, si l'appelé entend recueillir la substitution.

Bien qu'en fait les biens de la substitution passent du domaine du grevé dans celui de l'appelé, il est cependant certain que c'est au disposant que succède celui-ci : « Capit a gravante non a gravato. » Dans notre ancienne jurisprudence, ce principe a une grande importance au point de vue de la distinction des biens en propres et en acquets. Si l'appelé est un descendant du substituant, encore bien qu'il reçoive la substitution d'un grevé étranger, les biens substitués seront propres entre ses mains ; au contraire, les biens seraient des acquets, si le disposant n'est qu'un collatéral ou un étranger par rapport à l'appelé, lors même que celui-ci serait le descendant du grevé.

Au point de vue de la perception des droits seigneuriaux, on s'attache non plus à l'origine de la vocation de l'appelé aux biens substitués, mais à la réalité de la mutation de propriété, qui a lieu du grevé à l'appelé ; aussi les droits qui sont dus sont calculés, comme si l'appelé prenait la place du grevé par voie de succession ordinaire ou par donation (art. 36). De nos jours les droits seigneuriaux ont été remplacés par les droits d'enregistrement.

Une autre conséquence de la règle *capit agravante non c gravato*, est que le grevé ne peut imposer aucune charge à l'appelé, même lorsque la disposition lui confie le droit de choisir qui doit succéder à la substitution, entre plusieurs appelés.

Egalement en vertu de ce principe, l'appelé ne succède pas aux obligations du grevé. Quel sera donc à l'égard du substitué l'effet des jugements rendus contre le grevé? Avant l'ordonnance de 1747 on admettait les substitués à les attaquer par la voie de la tierce-opposition. Cette décision, peut-être conforme aux principes rigoureusement juridiques, avait le grave inconvénient de laisser indécis pendant de longues années les droits dépendants des fidéicommis. « Les substitués pouvaient facilement, dit Thévenot d'Essaule, à chaque degré de la substitution, et même dans les trente ans après l'ouverture, renouveler les procès, quoique jugés en grande connaissance de cause. Ils avaient la liberté, sans prouver ni la collusion, ni l'omission des vrais moyens de rentrer en lice et de faire renaître les procès de leurs cendres mêmes. » L'ordonnance introduisit sur ce point un droit nouveau en refusant aux substitués contre les arrêts ou jugements rendus eu dernier ressort toute autre voie d'attaque que la requête civile, tout en leur réservant le droit d'appeler de ceux qui n'ont point encore acquis force de chose jugée. Cette disposition qui répute contradictoires avec l'appelé les jugements ou arrêts contradictoirement rendus avec le grevé, est, comme le remarque Furgole en opposition avec les principes ; mais il ajoute: « qu'il importe de couper la racine des contesta· tions par le retranchement des causes qui sont capaples de les produire; et que le grevé représentant la substitution, et en exerçant les droits et les actions, il est de l'équité de ne pas permettre à un substitué de se pourvoir par opposition contre un arrêt rendu contre le grevé, qui peut être réputé vrai contra· dicteur légitime, lorsqu'il aura fourni une défense sérieuse, et qu'il n'aura rien omis pour la conser vation des biens substitués ; ce qu'il faut présumer à moins que l'omission de la défense légitime ne soit établie. Aussi est-il pareillement juste et équi table de permettre au substitué d'attaquer l'arrêt ou le jugement en dernier ressort rendu avec le grevé, qui n'aura pas bien défendu la substitution, et qui aura omis quelque raison ou moyen décisif, sans examiner si le grevé était majeur ou mineur lors de l'arrêt, parce qu'il ne doit pas être permis à un grevé de rien faire ni de rien omettre au préjudice des substitués. »

L'art. 50 du titre II décide qu'il y aura pour le substitué ouverture à la requête civile, soit dans les cas prévus par l'ordonnance de 1667, soit quand il y aura eu manque complet de défense, ou omission des vrais moyens; à quoi il faut ajouter le cas du défaut des conclusions des gens du roi prescrites par l'art. 49. L'obtention des lettres en forme de requête civile devra avoir lieu dans un délai de six mois, qui courra du jour de la signification de l'arrêt ou du jugement en dernier ressort, faite depuis l'ouverture de la substitution à la personne ou au domicile de l'appelé majeur; ou, s'il est interdit, de son curateur. Le même délai si le substitué est mineur, courra du jour de la signification qui lui aura été faite après sa majorité. (Art. 51). Lequel délai serait d'un an si le substitué se trouvait être l'Église, les hôpitaux, les communautés laïques ou ecclésiastiques.

Quant aux transactions que le grevé est en droit de faire, elles ne pourront être opposées au grevé que si elles sont homologuées par arrêt du parlement, et sur les conclusions des gens du roi, «

« peine, dit l'art. 54, de nullité des arrêts et juge-
« ments qui seraient rendus sur lesdits actes non
« homologués. » Mais après l'accomplissement de
ces formalités, le substitué est forcé de s'y soumettre à moins qu'il ne les attaque par la voie de la
requête civile dans un des cas où elle est admise.

Il est bien entendu que l'appelé jouant vis-à-vis
des appelés du rang ultérieur le rôle de grevé, a vis-
à-vis de ceux-ci les mêmes droits et les mêmes devoirs qu'avait le premier grevé vis-à-vis du premier
substitué.

<h3 style="text-align:center">SECTION VII.</h3>

Comment s'éteignent les substitutions.

Pour terminer l'étude des substitutions fidéicommissaires sous le régime de l'ordonnance de 1747,
il nous reste à examiner les différentes manières
dont elles peuvent prendre fin.

La substitution contenue dans un testament sera
éteinte soit par la révocation générale que le disposant fait du testament, soit par la révocation particulière de la substitution. Elle est également
détruite quand le disposant meurt dans l'incapacité
de tester, ce qui arrive lorsqu'il est frappé d'une
condamnation emportant la mort civile. Dans ce
cas, le testament qu'il avait pu faire précédemment
tombe avec tout ce qu'il renferme. Quant aux sub-

stitutions qui ont été faites par contrat de mariage ou de donation entre vifs, nous savons que dans le système des ordonnances de 1731 et de 1747 elles sont irrévocables, par conséquent, tout changement postérieur de volonté du disposant, comme toute incapacité qui viendrait le frapper sont impuissants à leur porter atteinte *ex post facto*.

Nous avons également vu plus haut que les substitutions établies par actes entre vifs ne peuvent être détruites par le fait du grevé. En est-il de même des substitutions portées dans un testament? La même règle s'applique sauf en un seul cas. Si tous les héritiers institués soit en première ligne, soit subsidiairement, sont prédécédés ou devenus incapables, cette caducité de l'institution, entraîne, avec la nullité du testament, l'anéantissement de la substitution (art. 26). Selon Pothier, cette décision ne s'applique qu'aux pays de droit écrit; Furgole, au contraire, veut l'étendre même aux pays de droit coutumier. Aujourd'hui, sous l'empire du Code, comme les testaments ne contiennent plus d'institution d'héritier, ce mode d'extinction n'existe plus. Quoi qu'il en soit, il est certain que la règle de l'ordonnance souffre deux exceptions : 1° A l'égard des testaments militaires qui valent sans institution d'héritier; 2° quand le testament porte la clause codicillaire, c'est-à-dire la déclaration faite par le testateur, que si sa disposition ne vaut pas comme testament, il entend qu'elle ait au moins la force d'un codicille mis à la charge des héritiers *ab intestat*.

Que si l'héritier grevé de substitution était prédécédé, mais que les biens fussent recueillis à sa place par un substitué vulgairement ou par un cohéritier, la substitution n'est pas nulle, mais elle est tacitement répétée à la charge de ceux-ci.

L'héritier institué, s'il a survécu au testateur, ne peut, en répudiant la succession, faire tomber la substitution ; mais il en avance seulement l'ouverture ; c'est une application de notre maxime juridique : *Le mort saisit le vif* ; l'art. 27 en contient d'ailleurs une disposition formelle. Pareillement, la répudiation du légataire universel ou particulier grevé ne nuira pas au substitué, qui prendra sa place : ce ne sera, dans l'un comme dans l'autre cas, qu'une remise anticipée.

La substitution peut être éteinte par la renonciation du substitué ; mais il faut pour cela que la substitution ne soit pas graduelle ; autrement lui seul serait écarté, et celui du rang inférieur viendrait prendre sa place. Cette renonciation peut être donnée soit avant, soit après l'ouverture du fidéicommis, et suivant qu'elle la suit ou la précède, elle diffère essentiellement dans sa nature et dans ses effets. Quand elle a été donnée après l'ouverture du fidéicommis, c'est une véritable renonciation qui éteint *erga omnes* et irrévocablement le droit du renonçant. En sorte que le fidéicommis sera recueilli par les substitués du rang ultérieur, s'il s'en trouve; sinon la substitution sera éteinte, et les biens resteront consolidés entre les mains du grevé ou de ses héritiers. Cette renonciation peut se faire par la simple déclaration du substitué, qu'il n'entend pas profiter du bénéfice de la substitution. Au contraire, lorsque l'appelé renonce avant l'événement de sa condition, il n'y a pas une répudiation proprement dite, car on ne renonce pas à un droit que l'on n'a pas; aussi n'est-ce qu'une convention dont l'effet est nécessairement restreint entre les parties. Ainsi, quand le premier appelé, par une convention passée entre lui et le grevé, avant l'ouverture, renonce à la substitution, il n'en résulte qu'un engagement personnel pris par lui de ne rien réclamer *fideicommissi causâ* au grevé, ni à ses ayants cause. Mais cette renonciation ne fait pas qu'à l'ouverture de la substitution le substitué du second degré puisse se présenter à la place du premier : *conventio inter alios acta, alteri nec nocet nec prodest*. Les biens de la substitution resteront dans le patrimoine du grevé ou de ses héritiers ou ayants cause, pendant tout le temps qu'aurait duré la jouissance du substitué renonçant. Cette convention peut d'ailleurs être détruite par une convention contraire. Si, au contraire, la renonciation a été convenue entre le premier et le second substitué, il n'en résulte qu'une obligation personnelle prise par le premier de s'effacer pour faire place au second ; et ce pacte n'acquiert aucun droit au grevé ni aux autres appelés en rang ultérieur qui n'y ont pas figuré ; de sorte que, si à l'ouverture de la substitution, le second substitué ne peut ou ne veut recueillir, qu'il refuse, ou qu'il soit prédécédé, le premier pourra réclamer le fidéicommis, sans que sa renonciation puisse lui être opposée par les appelés ultérieurs, et s'il n'y en a pas, par le grevé. Quant à la forme, la renonciation antérieure à l'ouverture doit être contenue dans un acte passé devant notaire. (Art. 28.)

Il y a une autre différence entre la renonciation qui précède l'ouverture de la substitution et celle qui la suit. Si quelqu'un se trouve appelé à une substitution en plusieurs degrés à la fois, et qu'avant l'événement de la condition, il y renonce par une convention passée avec le grevé, sa renonciation est censée faite par tous les degrés. Si au contraire, la renonciation est postérieure à l'ouverture, elle ne s'applique qu'aux droits acquis, et ne fait pas obstacle à ce que le renonçant se prévale des droits qui dans la suite pourront s'ouvrir à son profit. Tel est le sentiment de Pothier.

De même que le legs s'éteint par la perte de la chose léguée, arrivée sans le fait ni la faute de l'héritier, de même aussi s'éteignent les substitutions par la perte des choses substituées arrivée dans les mêmes circonstances. Si, par exemple, un héritage grevé de substitution est emporté par la violence des eaux, si des édifices sont consumés par le feu du ciel, la substitution sera éteinte quant à ces choses.

La défaillance de la condition éteint la substitution. Lors donc qu'il est certain que la condition ne se réalisera pas, la substitution est éteinte. C'est ainsi que, si le grevé est chargé de rendre à son fils, lors du mariage de celui-ci, la condition serait réputée défaillie s'il se faisait prêtre, du moins dans notre ancienne jurisprudence, qui n'admettait en aucune manière le mariage des personnes engagées dans les ordres.

Quand il est certain que la condition ne se réalisera pas du vivant de l'appelé, elle est censée défaillie; c'est pourquoi toutes les substitutions non graduelles sont éteintes par le prédécès de l'appelé. Remarquons encore sur ce point que lorsque plusieurs conditions sont apposées à une substitution, elle est anéantie par la défaillance d'une seule. Lorsqu'une substitution graduelle a épuisé tous les degrés,

lo dernier appelé qui la recueille devient propriétaire incommutable do tous les biens substitués qui
perdent dès lors co caractère, et demeurent libres
entre ses mains.

Un autre mode d'extinction des substitutions
graduelles s'établit do bonne heure dans notre droit,
nous voulons parler do la limitation apportée par
les ordonnances do nos rois à la gradualité primiti -
vement indéfinie des substitutions. L'ordonnance
d'Orléans rendue en 1560 sous la régence de Ca-
therine do Médicis, et sous les auspices du chancelier de l'Hospital, entra la première dans cette voie ;
c'était une satisfaction donnée aux vœux présentés
par les États-généraux d'Orléans. Elle décidait dans
son art. 59 qu'à l'avenir les substitutions ne seraient valables que pour deux degrés, l'institution
non comprise «.......... défendons à tout juge d'a-
« voir aucun égard aux substitutions qui se feront
« à l'avenir par testament et ordonnance de der-
« nière volonté, ou entre vifs, et par contrat do
« mariage, ou autres quelconques, outre et plus
« avant deux degrés de substitution, après l'institu -
« tion et première disposition, icelle non com-
« prise. »

Cette restriction de la perpétuité des substitutions
fut mal reçue de la noblesse, et interprétée de la
façon la plus étroite par un certain nombre de par-

lements. On refusa de l'appliquer aux substitutions
dont l'établissement avait précédé la promulgation
de l'ordonnance de 1560, et l'on continua de les
regarder comme perpétuelles. Ce fut à ce propos,
et pour régler le passé comme l'était déjà l'avenir,
que le chancelier de l'Hospital fit insérer dans l'article 57 de l'ordonnance de Moulins les dispositions
suivantes : « Amplifiant l'article de nos ordonnan-
« ces faites à Orléans pour le fait des substitutions,
« voulant oster plusieurs difficultez mues sur les
« dites substitutions auparavant faites, desquelles
« toutefois le droit n'est encore échu, ni acquis à
« aucune personne vivante : avons dit, déclaré et
« ordonné, que toutes substitutions faites aupara-
« vant nostre dite ordonnance d'Orléans, en quel-
« que disposition que ce soit, par contrat entre vifs
« ou de dernière volonté, et sous quelques paroles
« qu'elles soient conçues, seront restreintes au
« quatrième degré outre l'institution (exceptez
« toutefois les substitutions desquelles le droit est
« échu et déjà acquis aux personnes vivantes aux-
« quelles n'entendons préjudicier). »

L'ordonnance de Moulins n'avait pas suffi à établir
sur ce point dans toute la France l'unité de jurisprudence ? Aussi quand d'Aguesseau s'occupa de
réglementer les substitutions, les ordonnances d'Orléans et de Moulins étaient, sur le point qui nous

occupe, peu suivies et mal observées. Si les parlements de Paris, de Dijon, d'Aix, de Grenoble, s'étaient conformés au sens véritable de leurs dispositions, ceux de Toulouse, de Bordeaux dans un attachement aveugle pour les substitutions considéraient l'ordonnance d'Orléans comme abrogée par celle de Moulins, et admettaient dans tous les cas quatre degrés. Dans d'autres provinces, qui n'avaient été réunies à la couronne que postérieurement à la promulgation de ces deux ordonnances, elles étaient entièrement inobservées: c'est ainsi que la Flandre appliquant l'édit des archiducs de 1611, pratiquait trois degrés de restitution; c'est ainsi que les parlements de Besançon, de Metz, de Pau, le conseil souverain du Roussillon et le conseil supérieur de l'Alsace continuaient d'admettre la perpétuité des fidéicommis.

L'art. 30 de l'ordonnance de 1747 s'en tient à la règle posée dans les précédentes ordonnances; en voici le texte : «L'art. 59 de l'ordonnance d'Orléans
« sera exécuté, et en conséquence toutes les substi
« tutions faites, soit par contrat de mariage ou
« autre acte entre vifs, soit par disposition à cause
« de mort, en quelques termes qu'elles soient
« conçues, ne pourront s'étendre au delà de deux
« degrés de substitués, outre le donataire, l'héri
« tier institué ou légataire, ou autre, qui aura

« recueilli le premier les biens du donateur ou tes-
« tateur. N'entendons déroger par la présente dis-
« position à l'art. 57 de l'ordonnance de Moulins
« par rapport aux substitutions qui seraient an-
« térieures à ladite ordonnance. » C'est avec une
circonspection peut-être excessive, que notre article
a traité cette matière de la gradualité des fidéicommis.
Ainsi, non seulement il conserve quatre degrés
aux substitutions réglées par l'ordonnance de Moulins; mais il décide que dans les provinces où un
mauvais usage avait maintenu quatre degrés à toutes
les substitutions, cet usage est confirmé pour toutes
celles dont l'établissement est antérieur à sa publication, et ne statue que pour l'avenir (art. 31).
Quant aux provinces qui, réunies à la couronne
depuis l'ordonnance de Moulins, continuaient à
pratiquer la perpétuité des substitutions, aucune
innovation n'est introduite, l'art. 32 réserve seulement le droit d'une réglementation ultérieure.

Il y avait aussi divergence entre les parlements
sur la manière de compter les degrés; c'est ainsi
que plusieurs d'entre eux, à la tête desquels se
plaçait celui de Toulouse, partisan résolu des
substitutions, les comptaient par souche, c'est-
à-dire ne voyaient qu'un degré lorsque différentes
personnes d'une même génération s'étaient successivement transmis le fidéicommis. La jurisprudence

du parlement de Paris, au contraire, comptait par tête, c'est-à-dire qu'autant il y avait de personnes ayant recueilli le fidéicommis, autant elle voyait là de degrés. En cela elle se conformait aux dispositions de l'art. 124 de l'ordonnance de 1629, dite code Michaud, qui portait : « D'autant que les res-« trictions faites par nos ordonnances des substitu-« tions et fidéicommis, n'empêchent pas que plu-« sieurs procès ne se forment : ce qui procède tant « de l'ignorance de ceux qui font lesdits fidéicom-« mis, lesquels n'entendent la nature des disposi-« tions de cette qualité, ni les termes sous lesquels « elles doivent être conçues, et la diversité des « interprétations données en nos cours souverai-« nes. Attendant d'y pourvoir plus amplement, « voulons que dorénavant les degrez des dites sub-« stitutions et fidéicommis par tout notre royaume « soient comptez par tête et non par souches et « générations : c'est-à-dire chacun de ceux qui « auront appréhendé et recueilli le dit fidéicommis « fassent un degré, sinon que plusieurs d'eux eus-« sent succédé en concurrence comme une seule tête, « auquel cas ne seront comptez que pour un seul « degré. Déclarons nuls tous les arrêts qui seront « ci-après donnez au contraire de ces présentes, « nonobstant tout usage ancien ou autrement et « sans préjudice des arrêts ci-devant intervenus. »

Un exemple fera mieux comprendre quels étaient les deux systèmes en présence. Supposons qu'un testateur ait grevé son fils d'une substitution perpétuelle de tous ses biens au profit de sa famille, le fils grevé meurt laissant lui-même deux fils, Primus et Secundus, auxquels il restitue la succession : voilà le premier degré. Chacun de ceux-ci prend moitié ; mais Primus meurt, et restitue, à son tour, sa part à son frère. Selon la jurisprudence du parlement de Paris, la portion de Primus ayant été deux fois restituée demeure libre entre les mains de Secundus, qui ne sera plus grevé que pour les biens qui lui ont été directement restitués à la mort de son père. La jurisprudence de Toulouse, au contraire, ne compterait Primus et Secundus que pour un degré, et ce dernier devrait, en mourant, restituer l'hérédité tout entière à l'appelé du rang ultérieur. Du reste, le parlement de Paris ne comptait autant de degrés que de personnes que lorsqu'elles avaient recueilli successivement ; si, au contraire, elles avaient recueilli conjointement, elles n'étaient comptées que pour une seule personne, et chacune remplissait un degré seulement pour sa part et portion.

La jurisprudence du parlement de Paris triompha. L'art. 33 la consacre, en effet, en décidant que : « les degrés de substitutions seront comptés

« par têtes, et non par souches ou générations ; de
« manière que chaque personne soit comptée pour
« un degré.» L'article suivant reproduit la même
jurisprudence à l'égard des personnes appelées conjointement à une substitution. La computation par
têtes n'est, d'ailleurs, étendue aux provinces où l'on
comptait par souche que pour les dispositions postérieures à l'ordonnance, le passé restant régi par
les usages en vigueur (art. 35.)

Cette ordonnance, monument le plus complet que
que nous ayons sur le sujet que nous étudions, ne
fut pas longtemps en vigueur. Les substitutions
étaient trop intimement liées à l'existence de la noblesse et des classes privilégiées pour qu'elles pussent ne pas ressentir le contre-coup des événements
qui atteignaient celle-ci. Dès le commencement de
la révolution, Mirabeau les avait attaquées devant
l'assemblée constituante; dans la séance du 25 août
1700 il réclamait leur abolition comme « le seul
moyen de porter la hache au pied de l'arbre dont on
élague seulement quelques branches parasites, en
y laissant les racines voraces.» Les substitutions
étaient condamnées depuis longtemps ; elles disparu-
rent avec beaucoup d'institutions plus respectables.
Un décret du 25 août 1702 interdit pour l'avenir
la faculté d'établir des substitutions, et, quelques
mois plus tard, un nouveau décret des 25 octobre-

14 novembre de la même année proclama l'abolition absolue et définitive des substitutions.

« Art. 1. — Toutes substitutions sont interdites « et prohibées à l'avenir.

« Art. 2. — Les substitutions faites avant la « publication du présent décret, par quelques actes « que ce soit, qui ne seront pas ouvertes à l'époque « de la dite publication, sont et demeurent abolies « et sans effet.

« Art. 3. — Les substitutions ouvertes lors de « la publication du présent décret, n'auront d'effet « qu'en faveur de ceux seulement qui auront alors « recueilli les biens substitués ou le droit de les « réclamer. » Cette loi demeura en vigueur jusqu'à la promulgation du code civil.

CHAPITRE IV.

SUBSTITUTIONS SOUS L'EMPIRE DU CODE CIVIL.

SECTION I.
Substitutions prohibées.

Lorsque les rédacteurs du code civil furent arrivés à régler l'usage de la faculté naturelle qui appartient à tout homme de disposer de ses biens, ils se trouvèrent en présence de la question de savoir s'il fallait faire revivre les substitutions, ou s'il fallait au contraire les laisser sous le coup de la prohibition dont les avait frappées la loi de 1792. Ce dernier parti prévalut : les raisons qui ont déterminé la commission sont parfaitement résumées dans l'exposé des motifs du titre *des donations entre vifs et des testaments.*

» Il était impossible de concilier avec l'intérêt général de la société, cette faculté d'établir un ordre de succession perpétuel et particulier à chaque famille, et en même temps un ordre particulier à chaque propriété, qui était l'objet des substitutions. L'ordonnance d'Orléans de 1560 régla que celles qui seraient faites à l'avenir ne pourraient excéder deux degrés; mais ce remède n'a point fait cesser les maux qu'entraîne cette manière de disposer.

» L'expérience a prouvé que dans les familles opulentes cette institution n'ayant pour but que d'enrichir l'un des membres en dépouillant les autres, était un germe toujours renaissant de discordes et de procès. Les parents nombreux qui étaient sacrifiés, et que le besoin pressait, n'avaient de ressource que dans les contestations qu'ils élevaient, soit sur l'interprétation de la volonté, soit sur la composition du patrimoine, soit sur la part qu'ils pouvaient distraire des biens substitués, soit enfin sur l'omission ou l'irrégularité des formes exigées.

» Chaque grevé de substitution n'étant qu'un simple usufruitier, avait un intérêt contraire à celui

de toute amélioration; ses efforts tendaient à multiplier et à anticiper les produits qu'il pourrait
retirer des biens substitués au préjudice de ceux
qui seraient appelés après lui, et qui chercheraient
à leur tour une indemnité dans de nouvelles dégra-
dations.

» Une très grande masse de propriétés se trouvait
perpétuellement hors du commerce. Les lois qui
avaient borné les substitutions à deux degrés n'a-
vaient point paré à cet inconvénient : celui qui, aux
dépens de sa famille entière avait joui de toutes les
prérogatives attachées à un nom distingué et à un
grand patrimoine ne manquait pas de renouveler la
même disposition; et si par le droit, chacune d'elles
était limitée à un certain temps, elles devenaient par
le fait de leur renouvellement des substitutions
perpétuelles.

» Ceux qui déjà étaient chargés des dépouilles de
leur famille avaient la mauvaise foi d'abuser des
substitutions pour dépouiller aussi leurs créanciers:
une grande dépense faisait présumer de grandes richesses; le créancier qui n'était pas à portée de vé-
rifier les titres de propriété de son débiteur, ou qui
négligeait de faire cette perquisition, était victime de
sa confiance; et, dans les familles auxquelles les
substitutions conservaient les plus grandes masses

de fortune, chaque génération était le plus souvent marquée par une honteuse faillite.

» Les substitutions ne conservaient des biens dans une famille qu'en sacrifiant tous ses membres pour réserver à un seul l'éclat de la fortune; une pareille répartition ne pouvait être établie qu'en étouffant tous les sentiments de cette affection qui est la première base d'une juste transmission des biens entre parents. Il ne saurait y avoir un plus grand vice dans l'organisation d'une famille, que celui de tenir dans le néant tous ses membres, pour donner à un seul une grande existence; de réduire ceux que la nature a faits égaux, à implorer le secours et la bienfaisance du possesseur d'un patrimoine qui devrait être commun; et rarement l'opulence, surtout lorsque son origine n'est pas pure, inspire des sentiments de bienfaisance et d'équité.

» Enfin, si les substitutions peuvent être mises au nombre des institutions politiques, on y supplée d'une manière suffisante et propre à prévenir les abus, en donnant pour disposer toute la liberté compatible avec les devoirs de la famille.

» Ce sont tous ces motifs qui ont déterminé à confirmer l'abolition des substitutions déjà prononcées par la loi d'octobre 1702.»

En conséquence, fut adopté l'art. 896 : « Les « substitutions sont prohibées. Toute disposition

» par laquelle le donataire, l'héritier institué ou le
» légataire sera chargé de conserver et de rendre à
» un tiers sera nulle, même à l'égard du donataire,
» de l'héritier institué ou du légataire. »

Si l'on s'en tenait à la règle du droit commun en
matière de donations et de legs posée dans l'art. 900,
on devrait décomposer toute disposition présentant
une substitution prohibée, et réputer non écrite la
charge de conserver et de rendre, tout en laissant
subsister l'institution principale. La nullité de l'article 800 est plus radicale, la disposition, y est-il
dit, «est nulle même à l'égard du donataire, de
« l'héritier institué ou du légataire. » Ainsi la présence de la substitution fera tomber la disposition
toute entière. Cela est logique : le disposant a fait
une double libéralité que la loi refuse de sanction-
ner; mais, dans ce concours, qui pourrait dire quel
est celui du grevé ou de l'appelé qui eût été préféré,
si le disposant s'était cru dans la nécessité de choisir
entre eux? Attribuer au grevé la propriété incom ·
mutable, alors que le disposant n'avait voulu le gra·
tifier que d'une manière temporaire et résoluble,
serait aller manifestement contre sa volonté ; mais,
serait-ce mieux s'y coi former que de gratifier immédiatement et purement et simplement, celui qui
ne devait l'être qu'éventuellement, sous une condition suspensive? Déclarer nulle l'institution comme

la substitution était d'ailleurs pour le législateur le moyen le plus certain d'assurer le respect de la prohibition qu'il édictait. L'expérience avait prouvé, en effet, que le légataire grevé d'une restitution, l'opérait le plus souvent malgré l'annulation de cette charge par le décret de 1792, soit qu'il se fît un devoir de conscience de remplir les intentions du disposant, soit qu'il craignît d'encourir en les méprisant la censure de l'opinion. Sans doute en agissant ainsi, le grevé ne faisait que remplir une obligation toute de for intérieur et dépourvue de sanction juridique, mais c'était assez pour perpétuer le souvenir et l'usage d'une institution contraire à l'esprit de notre système politique, et que les législateurs de 1804 voulaient radicalement extirper.

La nullité sévère de l'art. 800 n'existe qu'autant qu'il y a substitution : Voici en conséquence une hypothèse où elle ne s'applique pas ; c'est celle où les deux libéralités ont été faites dans deux actes séparés dont un seul est valable. Telle est l'espèce suivante : Un testateur lègue à Pierre sa maison à condition qu'elle sera grevée de substitution, ainsi qu'il se réserve de le déterminer plus tard. Postérieurement en effet il appelle en second ordre Paul par un codicille, qui se trouve nul pour vice de forme. La nullité de l'acte emportant celle de ce qu'il renferme, il n'y a pas ici deux libéralités suc-

cessives, et le legs fait à Pierre reste parfaitemen
valable Il en serait de même si la nullité tenait au
fond même de la libéralité, par exemple, si le testateur appelait au bénéfice de la substitution une personne incapable de recueillir, aux termes de la loi
du 31 mai 1854, ou frappée de la même incapacité
par suite de lois politiques. La même décision doit
s'appliquer dans le cas où le prédécès de l'appelé
avant le testateur rendrait caduque la libéralité
faite à son profit, parcequ'en réalité dans toutes ces
hypothèses on ne trouve pas le principal élément des
substitutions *l'ordo successivus.*

La nullité de l'art. 896 ne frappe, bien entendu,
que la disposition entachée de substitution, mais ne
porte pas sur le reste de la donation ou du testament.
C'est ainsi que, si un testament renfermait des legs
particuliers mis à la charge d'un legs universel
grevé de substitution, ce serait dépasser le vœu de
la loi, que d'annuler par contrecoup les legs particuliers; le legs universel tombera donc seul, et les
autres devront être acquittés par l'héritier *ab intestat* parce que ce n'est pas le testament tout entier
qui est vicié par la charge de conserver et de rendre,
mais seulement la disposition qu'elle affecte.

Si la substitution ne portait pas sur l'ensemble des
biens donnés, mais seulement sur partie, l'annulation ne devrait porter que sur cette partie, et la do-

nation resterait valable pour le surplus. On a soutenu
cependant qu'en réalité, bien que ne portant que sur
une partie des biens donnés, la charge de conserver
et de rendre est, dans l'esprit du disposant, une con·
dition imposée à la libéralité toute entière, et qu'ainsi
la nullité devrait la frapper pour le tout. Mais la
première opinion étant moins rigoureuse, nous
semble préférable, à moins qu'il ne soit démontré,
en effet, que le disposant avait eu l'intention de su-
bordonner la libéralité dans son ensemble à l'accomplissement de la substitution.

Si un testateur, après avoir établi une substitution
prohibée, décide que, dans le cas où sa disposition
viendrait à être annulée de ce chef, il entend que
les biens seront acquis au grevé à titre de legs pur
et simple, et que les héritiers seront tenus de payer
à l'appelé une somme déterminée, quel sera le sort
de cette clause? S'il y a bonne foi de la part du testateur, elle serait valable; mais le plus souvent, ce
ne serait qu'un détour imaginé pour forcer ses héritiers légitimes à ne pas poursuivre la nullité de la
substitution; ce serait alors une fraude à la loi qui
devrait elle-même être annulée. Mais il n'en serait
pas de même dans le cas où le testateur aurait statué
que, si la disposition était reconnue contenir une
substitution, elle aurait l'effet d'un legs pur et simple. Il y a là, en effet, deux dispositions, dont une

seule est inutile, *et utilia per inutilia non vitiantur;* et qu'on ne dise pas que ce n'est qu'un détour pris par le testateur pour enlever à ses héritiers tout intérêt à attaquer la substitution, et en assurer ainsi l'exécution, puisqu'en agissant ainsi, le disposant crée précisément pour le grevé un intérêt à en demander la nullité qui doit consolider entre ses mains la propriété des biens substitués.

A ne consulter que le texte de notre article, il faudrait regarder comme nulles toutes les dispositions qui imposent l'obligation de conserver et de rendre ; ce serait aller trop loin : il en est plusieurs qui, tout en présentant ce double caractère, ne tombent pas sous l'application de l'art. 896 : tels sont les legs conditionnels, telles les donations avec clauses de retour. Aux caractères énoncés par le Code, il faut donc ajouter quelque chose qui en précise la portée ; et, en effet, pour rentrer dans la classe des substitutions prohibées, une disposition doit présenter, outre l'obligation de conserver, outre celle de rendre, l'existence de deux libéralités successives, *ordo successivus,* et enfin l'*eventus,* c'est-à-dire l'existence d'une condition ou d'un terme incertain qui, sous l'empire du Code, doit être la mort du gratifié en première ligne. La substitution que prohibent nos lois est donc une libéralité faite avec la charge pour celui qui la reçoit de conserver les

biens et de les rendre à sa mort à un tiers gratifié
en seconde ligne. Examinons rapidement chacun de
ces caractères.

1° *Celui que l'on charge de rendre doit être gratifié.* (Pour continuer à employer la terminologie
dont nous avons fait usage, nous l'appellerons le
grevé.) Peu importe que cette libéralité soit expresse
ou tacite; peu importe que le disposant le gratifie
en lui attribuant les biens ou en ne les lui ôtant
pas. Il y aurait donc substitution dans le cas où le
disposant laisserait ses biens à un héritier légitime,
à charge de les restituer en mourant; car pouvant
les lui enlever, il les lui a laissés par l'effet de sa
libre volonté; il l'a gratifié. Telle n'est pas, cependant, l'opinion de M. Zachariæ.

Mais si au lieu d'un grevé gratifié, le disposant
n'avait entendu faire de son héritier, légataire ou
donataire, qu'un simple canal de transmission, un
simple ministre, comme disent les auteurs, il n'y aurait pas là de substitution fidéicommissaire; il y aurait un fidéicommis pur dans le sens véritablement
romain du mot. Et cela serait vrai lors même qu'il y
aurait pour la restitution un terme ou une condition,
fût-ce la mort du grevé, si aucun avantage ne lui
avait été attribué par l'auteur de la disposition, s'il
devait rendre, par exemple, non-seulement tout ce
qu'il a reçu, mais l'intégralité des fruits perçus.

Le grevé d'un pareil fidéicommis diffère profondément du grevé de substitution : simple mandataire, simple exécuteur des volontés du disposant, loin d'avoir la propriété temporaire des biens, il n'est pas même possesseur; il ne gagne pas les fruits, il ne doit rien supporter des charges de la jouissance.

2° *Le grevé doit être chargé de conserver.* A la différence de ce qui avait lieu avant le code, il faut que la charge de conserver, et aussi celle de rendre soit réellement et impérativement imposée au grevé, soit explicitement, soit implicitement. L'emploi de termes précatifs, comme par exemple *j'institue un tel et je le prie de rendre à son fils*, ne suffirait pas pour établir une substitution prohibée. S'il en était autrement dans l'ancienne jurisprudence, c'est que les substitutions y étant permises et même favorables, on ne faisait, en considérant les termes précatifs comme l'énonciation de la volonté du disposant, que suivre la règle qui veut que les termes d'un acte soit interprétés plutôt dans le sens qui les rend utiles que dans celui qui leur ôte toute valeur. Il n'en est plus de même aujourd'hui, et regarder les termes précatifs comme l'expression manifestée de la volonté du donateur ou du testateur, ce serait frapper la disposition toute entière d'une nullité radicale contrairement à la maxime, *actus intelli-*

gendi sunt potius ut valeant quam ut pereant. « A côté de la règle qui veut que dans le doute un testateur soit censé n'avoir rien écrit d'inutile, dit Merlin, il en est une autre qui dit que, dans le doute, un testateur n'est pas censé avoir fait ce que la loi lui défendait, et encore moins ce qui aurait entraîné l'anéantissement de sa disposition principale. Dans le choc de ces deux règles, c'est sans contredit la première qui doit céder à la seconde. » Il faut donc décider aujourd'hui que la simple prière adressée à l'héritier ou au légataire de conserver et de rendre ne serait pas obligatoire, et comme telle ne renferme pas une substitution prohibé. MM. Duranton et Coin-Delisle se séparent de cette opinion et pensent que les termes qui, bien que précatifs dans la forme, ont cependant assez de force pour lier la volonté de l'héritier ou légataire, renferment une substitution; ils ajoutent que c'est là une question de fait qui doit être décidée *ex æquo et bono* par la prudence du juge. Ce que nous disons de la prière s'applique *a fortiori* à l'expression d'un souhait ou d'une recommandation.

Il n'y a pas obligation de conserver, partant pas de substitution, lorsque le disposant permet à celui qu'il gratifie d'user à sa guise des biens donnés ou légués, sauf à remettre à sa mort ce qu'il voudra, ou ce dont il n'aura pas disposé à un tiers désigné. Nous avons déjà rencontré deux fois cette hypothèse, mais nous avons embrassé à Rome et dans notre ancienne jurisprudence une solution différente, et nous avons décidé que le fidéicommis *de eo quod supererit* présentait les véritables caractères d'une substitution. Pourquoi n'en est-il plus de même aujourd'hui ? La raison est facile à saisir : à Rome et dans notre ancien droit, une pareille disposition ne laissait pas au grevé la faculté de disposer librement des biens qui la composaient. Il ne pouvait aliéner qu'à titre onéreux ; encore ce pouvoir avait ses limites qui devaient être tracées *boni viri arbitrio*. Justinien fixa même une quotité qu'il n'était pas permis d'entamer. Dans notre droit actuel au contraire aucune de ces règles ne subsiste, puisqu'elle n'ont été reproduites nulle part, et que le droit romain est dépouillé de toute autorité législative ; le gratifié a donc toute liberté d'aliéner les biens. On ne peut donc dire qu'il soit grevé de la charge de les conserver, et partant, cette disposition n'est pas prévue par l'article 896. Il y a seulement charge de rendre ; mais cette obligation isolée n'a rien d'illicite ni de contraire à l'ordre public, elle doit donc être exécutée pour ce dont le gratifié n'aura pas disposé. Bien avant la prohibition de notre article, la coutume de Bretagne qui n'admettait pas les substitutions, se refusait à en voir les caractères dans le fidéicommis *de eo quod supererit.*

Si le disposant avait interdit à celui qu'il gratifie toute aliénation à titre gratuit soit entre vifs, soit testamentaire, devrait-on voir là une substitution? non, car, après tout, le grevé n'en conserverait pas moins la faculté d'absorber entièrement par ses aliénations les biens qu'il reçoit, et par conséquent, la charge de conserver fait ici défaut. La disposition serait donc valable; seulement il faudrait réputer non écrite la charge de ne pas aliéner à titre gratuit, parcequ'elle porte atteinte à la liberté de disposer.

Devrait-on voir une substitution prohibée dans la disposition qui autoriserait le grevé à aliéner dans la limite de ses besoins? la question se résoud à celle-ci : cette restriction est-elle laissée à l'arbitrage du grevé lui-même, ou doit elle être abandonnée à la prudence du tribunal ? Si le grevé est seul juge de ses besoins, on sent qu'il sera toujours maître de ne rien laisser et partant que l'obligation de conserver est dépourvue de toute sanction, ce qui est exclusif de l'idée de substitution. Il en serait autrement si l'on adoptait l'opinion de ceux qui donnent au juge la mission de fixer dans quelles limites s'exercera le droit d'aliénation.

Quis juris, si le légataire a permission d'aliéner

les biens qui forment l'objet de la disposition à charge d'en restituer le prix à un tiers? Y-a t-il ici une substitution? Nous ne saurions le penser. En effet, dans les termes de la disposition on ne trouve ni charge de conserver les biens, puisque l'aliénation est permise, ni obligation de conserver le prix, puisqu'aucun emploi n'est imposé au légataire. Sous l'empire de l'ordonnance de 1747, c'était une condition indispensable à l'existence des substitutions d'effets mobiliers ou de deniers, que le disposant ait pris soin d'en ordonner l'emploi; comment serait-on plus facile aujourd'hui? Reconnaître à une disposition ce caractère de substitution, c'est, nous le répétons, en prononcer la nullité radicale.

Doit-on voir une substitution dans le cas où un donataire est chargé de restituer une chose autre que celle qu'il a reçue? L'affirmative était soutenue par nos anciens auteurs appuyés de l'autorité des lois Romaines. Cette décision ne nous paraît pas devoir être admise sous l'empire du code. On comprend que nos anciens auteurs, favorables aux substitutions, leur aient facilement assimilé tions une disposition qui, bien que n'en présentant pas rigoureusement les caractères s'en approchait néanmoins d'une façon très sensible et concourait au même but. Mais aujourd'hui que cette assimilation entraînerait l'annulation de la disposition, elle n'est plus possible, parce qu'elle répugne au principe qui ne permet pas d'étendre par analogie les nullités d'un cas à un autre. En effet, dans l'hypothèse qui nous occupe *l'ordo successivus* fait défaut, il n'y a pas deux libéralités de la même chose, puisque le grevé en reçoit une et devrait en rendre une autre. Ajoutons que la charge de conserver manque également, puisque peu importe qu'il aliène celle qu'il a reçue du disposant, pourvu qu'il soit prêt au jour de l'ouverture à payer celle qui fait l'objet de l'obligation à lui imposée.

Nous disons *payer* et non pas *rendre*, car on ne rend que ce qu'on a reçu, et dans l'espèce l'obligation du grevé porte sur une chose qui lui appartient ou qu'il a dû acquérir d'un tiers. Objectera t-on que l'art. 16 de l'ordonnance valide expressément la substitution imposée par une libéralité nouvelle aux biens précédemment donnés par le disposant lui-même, et que les dispositions de cet article ont été reproduites par l'article 1052 du Code civil pour le cas où les substitutions sont exceptionellement autorisées? Nous l'avons dit plus haut, rien n'empêchait notre ancien droit de faire une assimilation qui laissait subsister la volonté du disposant, il en est de même de l'art. 1052, qui, placé dans un chapitre qui traite de dispositions permises par exception, ne saurait être appliqué hors de cette hypothèse particulière. D'ailleurs, s'il était vrai qu'imposer à son légataire ou donataire l'obligation de payer à un tiers en mourant, sa propre chose ou celle d'autrui constituât dans tous les cas une véritable substitution, comment comprendre que les rédacteurs du Code aient cru devoir le déclarer formellement, précisément lorsque cette décision devait sembler la plus naturelle, à savoir quand il s'agit de biens qui ont été l'objet d'une libéralité antérieure du disposant envers le grévé. Et pour résumer notre opinion, nous dirons que la disposition qui impose au gratifié la charge de conserver sa propre chose, ou d'acquérir celle d'autrui, pour la payer à un tiers, est valable, mais que ladite charge portant atteinte à la liberté de disposer doit être réputé non écrite.

Si une libéralité était faite sous la charge imposée au gratifié de prendre pour légataire universel un tiers désigné, il n'y aurait pas là une substitution tombant sous l'application de l'article 896. Cette disposition est, en effet, tout à la fois plus étroite et plus large que la substitution : plus étroite, en ce sens qu'elle n'impose aucune obligation de conserver, puisqu'il suffit que le grevé transmette au tiers désigné sa succession telle qu'elle se composera au jour de son décès : plus large, puisque l'obligation porte non seulement sur les biens compris dans la libéralité, mais sur l'universalité des biens du grevé. Il n'y a donc pas lieu à annuler la disposition principale, mais seulement la charge qui la grève comme contraire à la liberté de tester.

3° *Le grevé doit être chargé de rendre.* Nous avons examiné sous le paragraphe précédent plusieurs cas où l'obligation de rendre existe indépendamment de celle de conserver, tel est le fidéicommis moderne *de eo quod supercrit.* L'obligation de conserver jusqu'à la mort au contraire, entraîne fatalement celle de rendre, bien que celle-ci puisse ne pas être exprimée : c'est ainsi que si le disposant avait interdit au grevé toute espèce d'aliénation, il y aurait implicitement charge de rendre ; car, bien que le disposant n'ait pas désigné à qui les biens devraient être restitués, il est clair que ne pouvant être aliénés par le grevé, ils seront recueillis par ses héritiers *ab intestat,* implicitement appelés. Si cependant il était établi que la prohibition d'aliéner n'a pas été faite en vue de ceux-ci, mais seulement dans l'intérêt du grevé lui-même, pour l'empêcher, par exemple, de se réduire à l'indigence par d'imprudentes dissipations, cette charge ne saurait constituer une substitution; dans ce cas, en effet, l'*ordo successivus,* la succession de deux libéralités ferait défaut, mais la prohibition d'aliéner serait sans valeur, n'étant, ainsi que le remarquent les annotateurs de M. Zachariæ, qu'un précepte nu dont aucune sanction n'assure l'exécution.

Les droits qui s'éteignent forcément à la mort de celui sur la tête duquel ils reposent, comme la rente viagère, l'usage, l'habitation, l'usufruit, ne peuvent faire l'objet d'une substitution, puisque notre Code ne comprend sous ce nom que les fidéicommis dont l'ouverture est reculée jusqu'à la mort du grevé. Si donc un testateur attribue successivement à deux personnes l'usufruit de la même chose, il n'y aura pas substitution, car le premier ne peut rendre à sa mort un droit qui s'éteint à ce moment *ipso jure*, aussi n'est-ce pas là deux libéralités successives du même usufruit, mais deux usufruits distincts l'un de l'autre, dont le premier est pur et simple tandis que le second est légué à terme, *ex die incerto*. Peut-être y aurait-il là jusqu'à un certain point un moyen d'éluder la prohibition dont sont frappées les substitutions : On peut supposer, en effet, qu'un testateur en établissant sur ses biens une longue série d'usufruits au profit de sa descendance, cherche à échapper ainsi à la rigueur de l'article 896. Cela est vrai ; mais c'est la conséquence naturelle de ce principe que l'usufruit peut être séparé de la nue-propriété. D'ailleurs, qu'on ne l'oublie pas, l'article 896 ne saurait recevoir de cette façon de graves atteintes ; cette succession d'usufruits devra s'éteindre, en effet, tout naturellement dans un temps assez limité, car ce n'est que par une faveur, que méritent seules les substitutions exceptionnellement autorisées, qu'on peut se placer en dehors de la règle du droit commun par laquelle nul ne peut recevoir par donation ou par legs, s'il n'est pas né ou tout au moins conçu au moment de la donation ou du décès du testateur (art. 906). Du reste en suppo sant que les constitutions successives d'usufruit reçoivent leur effet pour deux ou trois degrés, il ne serait pas exact de dire que l'article 896 est complétement éludé : autre est le droit du grevé de substitution, autre celui de l'usufruitier, c'est un point que nous pensons avoir démontré plus haut ; d'ailleurs les inconvénients des substitutions ne se présentent pas ici; la propriété n'est pas tenue en suspens, elle peut être irrévocablement aliénée par le nu-propriétaire; il est donc vrai de dire que, malgré les analogies apparentes qui peuvent se produire en fait, il n'y a pas là substitution.

Nous avons également énoncé plus haut que, si la nue-propriété d'un bien d'une part, et l'usufruit d'autre part, sont attribués à titre gratuit à des personnes différentes, on peut, en théorie, reconnaître, en examinant de près ce qui se passe, une véritable substitution, dans laquelle la chose à restituer sera l'*usus et le fructus*. Hâtons-nous de dire que cette décomposition subtile de la constitution d'usufruit n'a jamais été admise dans la pratique ; le Code qui n'entendait abolir les substitutions que telles qu'elles étaient en usage, déclare formellement dans l'article 899 qu'il n'entend pas voir une substitution dans la disposition qui sépare l'usufruit de la nue-propriété.

A l'obligation de conserver et à celle de rendre on peut rattacher une espèce assez curieuse, qui s'est présentée à la cour de Nancy sous la présidence de M. Troplong. Il s'agissait de savoir si un legs de libération contenu dans le testament du marquis de Custines renfermait une substitution prohibée. Voici quels étaient les termes du testament : « Il m'est dû par la maison de Pouilly 61,000 fr. que je lègue à ma chère cousine, madame de Pouilly ou à ses enfants, après la mort de ma fille (la dame d'Absac.) au cas qu'elle meure sans enfants. » La condition s'était réalisée, et les héritiers de la dame d'Absac attaquaient cette disposition comme contenant une substitution prohibée. Mais la cour de Nancy repoussa leur demande, par la raison que la clause sainement entendue léguait d'une part à madame d'Absac une créance de 61,000 fr., à la baronne de Pouilly d'autre part la libération condi-tionnelle de cette dette, qu'ainsi il n'y avait pas deux libéralités successives de la même chose ; que d'ailleurs aucune obligation de conserver n'était imposée à la dame d'Absac, qui ne recevait rien qu'une créance non exigible, mais dont elle avait la libre disposition ; qu'on ne trouvait pas non plus la charge, de rendre, puisque l'arrivée de la condition éteignait de plein droit la dette de la maison de Pouilly. Cet arrêt est en date du 18 mars 1833.

4° *L'époque de la restitution doit être différée jusqu'à la mort du grevé.* Nos anciens auteurs ne semblent pas avoir vu là un caractère essentiel de la substitution ; suivant eux toute condition pouvait fixer le moment de l'ouverture. Ils déclaraient d'ailleurs qu'en fait et dans l'usage commun la presque totalité des substitutions s'ouvraient par la mort du grevé, au point que cette condition n'a-vait pas besoin d'être exprimée. Ceux qui ont écrit depuis le code, au contraire, ne reconnaissent pas de substitution si le fidéicommis doit s'ouvrir avant la mort du grevé. Si la charge, imposée à un dona-taire, à un légataire ou à l'héritier de remettre les biens donnés à l'événement d'une condition quel-conque, constituait une substitution dans le sens du code, il faudrait rayer de notre législation tout ce qui a trait aux legs conditionnels, car cette sorte de disposition présente précisément les caractères de la substitution sauf, celui dont nous parlons. Il est également vrai que si l'art. 896 avait le sens étendu que nous lui dénions il se trouverait en contradiction manifeste avec l'art. 1121, qui permet de stipuler au profit d'un tiers, lorsque telle est la condition d'une donation que l'on fait à quelqu'un.

Mais le sens de l'art. 896 peut, d'ailleurs, être fixé historiquement par le but que se sont proposé les rédacteurs du Code ; ce qu'ils ont voulu, c'est abolir les substitutions telles qu'elles étaient pratiquées en fait, c'est à-dire s'ouvrant par la mort du grevé, et créant, pour emprunter les paroles de M. Bigot Préamenou, un nouvel *ordre de succession* en contradiction avec celui de la loi.

Au reste, si le législateur n'a pas exprimé nettement sa pensée à cet égard dans l'art. 896, le doute n'est pas permis en présence des art. 1048 et suivants, qui règlent les cas où la substitution sera permise exceptionnellement, et qui, en statuant que la substitution n'est autorisée qu'autant qu'elle est faite en faveur de tous les enfants nés et à naître du grevé, décident suffisamment que l'ouverture n'aura lieu qu'à la mort de celui-ci. Or, comme la disposition permise par ces articles est la même qui est prohibée dans l'art. 896, n'est-on pas logiquement amené à penser que le législateur a donné à l'expression *charge de rendre*, le même sens dans la règle que dans l'exception.

5° *Le grevé, pour qu'il y ait* ordo successivus, *doit*

être chargé de rendre à une personne gratifiée en second ordre. Il suit de ce principe que la donation avec clause de retour est permise, et qu'elle ne peut constituer une substitution , bien qu'elle entraîne d'ailleurs, pour le donataire, la charge de conserver et celle de rendre à sa mort. En effet, l'un des caractères essentiels de la substitution manque ici, car nous ne rencontrons pas deux libéralités successives, mais seulement une donation résoluble par l'événement d'une condition, laquelle condition est le prédécès du donataire. Si cependant le donateur avait stipulé le droit de retour au profit de ses héritiers ou d'un tiers, que devrait-on décider ? Il faudrait, sans tenir compte des termes employés hors de leur sens véritable, s'attacher à la nature même et aux effets d'une pareille disposition, décider qu'elle constitue une véritable substitution fidéicommissaire; en effet, il y a concours de la charge imposée au grevé de conserver, et de celle de rendre à sa mort à un tiers gratifié en second ordre. Ce n'est même que par un étrange abus des termes qu'on pourrait appliquer ici le nom de droit de retour, puisque, d'après la stipulation, les biens ne devraient pas retourner à leur point de départ, c'est-à-dire au donateur, mais aller vers un nouveau propriétaire. La donation avec clause de retour, stipulée en faveur des héritiers du donateur ou d'un tiers, est donc, sous d'autres termes, une substitution prohibée par l'art. 896. Cette doctrine est celle d'un arrêt de la cour de cassation du 22 juin 1812, rapporté par Merlin, au mot substitution fidéicommissaire.

La décision serait différente si le donateur avait stipulé le retour pour lui-même et pour ses héritiers. Ce qui se passe en pareil cas est tout-à-fait étranger à la prohibition de l'art. 896. Je donne ma maison avec clause de retour à mon profit ou à celui de mes héritiers, si le donataire prédécède sans enfants ; en réalité c'est une donation, résoluble par l'arrivée de cette condition si le donateur meurt avant mes héritiers. Par une corrélation nécessaire, le donateur retient sur la maison donnée un droit de propriété sous condition suspensive, droit qui passera à ses héritiers si lui-même vient à mourir avant l'événement de la condition, et ce droit leur passe, non par l'effet du retour stipulé à leur profit, mais parce qu'ils succèdent au droit conditionnel de leur auteur sur cette maison, comme à tous ses autres droits. En conséquence de ces principes, loin de présenter une substitution prohibée par l'art. 896, le retour des biens donnés pourrait non seulement être valablement stipulé au profit du donateur et de ses héritiers, mais aussi au profit du donateur seul, sous une condition qui ne deviendrait pas impossible par sa mort, et, le cas échéant, le bénéfice

de cette clause devrait être attribué à ses héritiers. Les principes conduisaient à cette conséquence, mais le code la repousse formellement en
décidant par l'art. 951 que la clause de retour ne
peut être insérée dans une donation qu'au profit du
donataire seul. En effet, la stipulation qu'il interdit
restant permise, il eût été bien facile d'éluder les
dispositions de l'art. 896; car on est, à première vue,
frappé de la similitude qui existe d'une part entre
le grevé de substitution et le donataire avec clause
de retour, entre les mains duquel les biens restent
inaliénables, puisqu'il est éventuellement chargé
de les rendre, et d'autre part entre les appelés et
les héritiers du donateur, qui, à la mort du gratifié,
recueilleront *per obliquum modum* les biens
donnés.

Le Code a donc sagement fait d'interdire cette stipulation; mais la clause de retour n'entraînera l'annulation de la disposition toute entière, qu'autant
qu'elle aura été stipulée au profit des héritiers seulement du donateur ou d'un tiers, parce qu'alors,
ainsi que nous l'avons dit, elle déguise une véritable substitution. Que si au contraire, cette clause a
été insérée au profit du donateur et de ses héritiers,
il n'y aura qu'une condition contraire à la loi; qui
sera comme telle réputée non écrite, mais qui ne
fera pas tomber la disposition principale. Il suit de

ce qui précède que la clause de retour ne peut entrer valablement dans un testament; il est sensible en effet, qu'elle ne pourrait en aucun cas se réaliser au profit du testateur, mais seulement de ses héritiers ou d'un tiers, et qu'ainsi elle tomberait sous l'application de l'article 896.

Un fait digne de remarque, c'est que la clause de retour, telle qu'elle est autorisée par l'article 951, conduit dans certains cas à l'établissement indirect mais nécessaire d'une véritable substitution fidéicommissaire, qui sous le couvert de cet article échappe à la prohibition de l'artic'e 896. Aux termes de l'art. 951, en effet, il est parfaitement licite au donateur de stipuler que les biens qu'il donne lui feront retour dans le cas de prédécès du donataire et des descendants de celui-ci. N'est-il pas clair que jusqu'au décès du donateur, les biens donnés sont grevés d'une substitution, puisque la condition pouvant toujours se réaliser jusqu'à ce moment par le prédécès du donateur et de ses descendants, chacun d'eux se trouve forcé de les conserver, afin de pouvoir les rendre aux descendants qui suivent, jusqu'à ce que le décès du dernier d'entr'eux donne ouverture au droit de retour, ou bien que la mort du donateur fasse défaillir la condition à laquelle était subordonné le retour.

Il est impossible de prévoir toutes les hypothèses

dans lesquelles on peut être amené à se demander si une disposition renferme ou non une substitution prohibée; même restreint aux espèces qui se sont présentées, cet examen excèderait de beaucoup les bornes de ce travail. Il vaut mieux poser les règles qui doivent guider le jurisconsulte dans l'appréciation de ces questions souvent fort délicates.

La première règle est celle ci : quand une disposition, bien qu'ayant l'apparence d'une substitution peut être entendue autrement, il faut adopter cette seconde interprétation. Ceci n'est que l'application du principe plus général *actus intelligendi sunt potius ut valeant, quam ut pereant*, principe qui a dicté l'article 1157 ainsi conçu : .

« Lorsqu'une clause est susceptible de deux sens, « on doit plutôt l'entendre de celui avec lequel elle « peut avoir quelqu'effet, que dans le sens avec le- « quel elle n'en pourrait produire aucun. » Dans notre ancien droit les substitutions étaient permises et même favorables, aussi, par analogie, on leur avait assimilé certaines dispositions qui n'en présentaient pas tous les caractères; il n'en saurait être de même aujourd'hui qu'une pareille assimilation frapperait d'impuissance la disposition qui en serait l'objet. Le Code a prononcé la nullité des substitutions ; or, il est de principe que les nullités sont de droit étroit et ne peuvent s'étendre par analogie.

L'abolition des substitutions conjecturales déjà édictée dans l'ordonnance de 1747 est donc *a fortiori* maintenue dans le système du Code.

Dans l'ancien droit, on considérait comme ayant la force d'établir une substitution l'emploi de termes précatifs comme *je désire, je prie,* etc.; il n'en est plus de même aujourd'hui : la disposition, si elle n'est pas conçue en termes dispositifs, n'est, en réalité, qu'un simple conseil ou précepte nu.

Nous nous rappelons que dans notre ancienne jurisprudence, il n'était pas besoin d'exprimer que la restitution aurait lieu à la mort du grevé, cette condition étant passée dans l'usage de façon qu'en la suppléait si rien dans les termes ne s'y opposait. Ainsi les mots : *J'institue Pierre et je le charge de Jean, j'institue Pierre et je lui substitue Jean* étaient regardés comme reculant la restitution au décès de Pierre. Aujourd'hui il faudrait décider au contraire que la restitution doit être immédiate, de sorte qu'il y aurait, non pas la substitution fidéicommissaire prohibée, mais la substitution vulgaire autorisée par l'art. 898.

Il résulte encore de notre règle, que de nos jours, la substitution compendieuse n'est plus admise. Nous savons, en effet, qu'autrefois lorsque le disposant avait employé des termes pouvant s'appliquer également à la substitution vulgaire et à la fidéicommissaire, on appliquait, suivant l'occurrence l'une ou l'autre. Il n'en serait plus de même aujourd'hui en pareil cas, la disposition serait censée ne renfermer que la vulgaire. Si par exemple un testateur a employé ces expressions : *J'institue Pierre et lui substitue Paul*, ou *j'institue Pierre et au cas qu'il décède, je mets Paul en sa place*, cette disposition n'aura effet que comme substitution vulgaire, c'est-à-dire, si Pierre meurt avant le testateur. Mais une pareille clause insérée dans une donation entre vifs, en entraînerait fatalement la nullité ; car la donation qui ne peut valoir que par l'acceptation du donataire, est exclusive de toute idée de substitution vulgaire.

Il pourrait arriver que les termes dont s'est servi le donateur, ne permettent pas de supposer qu'il n'a eu en vue que la vulgaire, la décision varie suivant les circonstances qui se présentent. Si, par exemple, il avait été dit : *en quelque temps que Pierre vienne à mourir, je lui substitue Paul*. Deux substitutions sont ici bien nettement exprimées : l'une vulgaire, qui produira son effet le cas échéant, c'est-à-dire si Pierre meurt avant le testateur ; l'autre, fidéicommissaire qui annulera la disposition toute entière, si la survie de Pierre vient fixer en ce sens les termes de la disposition.

Si les termes de la disposition arguée de substitution peuvent être entendus comme exprimant simplement un droit d'accroissement entre colégataires, c'est à ce dernier sens qu'il faut s'arrêter, encore que l'accroissement s'opérant par la volonté la loi, cette énonciation soit inutile. C'est ainsi que si un testateur, en instituant ses deux fils, déclare que la part de celui des deux qui viendrait à mourir sans postérité serait recueillie par le survivant, on devrait interpréter cette clause comme énonciative du droit d'accroissement, ce qui est inutile il est vrai, puisque l'accroissement aurait eu lieu *ipso jure*; mais *quod abundat non vitiat.*

La seconde règle d'interprétation est celle-ci : il n'y a point de termes sacramentels en matière de substitution, donc, toute disposition qui présente tous les caractères que nous avons reconnus nécessaires, sans qu'il soit possible de l'interpréter d'une autre manière, tombera sous le coup de l'art. 896, encore qu'elle ne se présente pas sous la forme ordinaire des substitutions.

Quelques exemples feront mieux comprendre cette règle. Un testateur lègue à Pierre sa maison, pour l'époque de la mort de son héritier. Il y a là une véritable substitution fidéicommissaire, et non pas seulement un legs conditionnel ; cette disposition présente deux personnes gratifiées successivement de la même chose, et il y a pour l'héritier obligation de conserver jusqu'à sa mort, et de rendre à cette époque. En vain voudrait on, comme on l'a fait, laisser à l'héritier la faculté d'aliéner la maison, en sous-entendant la condition *ni quid supererit*; cette supposition, qui ne résulte en aucune façon des termes du testament, est purement arbitraire et doit être rejetée.

Il faudrait également annuler, comme présentant une substitution fidéicommissaire, la disposition suivante : « Je lègue ma maison à Pierre, si mon fils décède avant d'avoir atteint sa majorité. » Il y a ici deux conditions au lieu d'une : 1° que mon fils meure, 2° qu'il meure en minorité. Mais cela n'empêche pas que tous les caractères de la substitution prohibée, ordre successif, charge de conserver et de rendre à la mort, ne se trouvent réunis.

Le legs sous condition résolutoire contient une véritable substitution quand cette condition est la mort du légataire. C'est ainsi que si je lègue à quelqu'un ma maison, à condition que s'il meurt sans postérité, le legs sera résolu, il y aura là en réalité une clause de retour insérée au profit des héritiers seulement du testateur; ce qui renferme, nous l'avons démontré plus haut, une véritable substitution prohibée par l'art. 896. Mais il n'en serait pas de même si la clause résolutoire était insérée dans une donation, parce qu'alors le retour pourrait avoir lieu au profit du donateur, et qu'on devrait penser que c'est dans son propre intérêt qu'il l'a stipulé : seulement, en pareil cas, si la condition résolutoire ne se réalisait qu'après la mort du donateur, les héritiers de celui-ci ne pourraient en invoquer le bénéfice. (Art. 951).

Quand la question de savoir si une disposition dont le sens est déterminé, présente le caractère d'une substitution, est portée devant les tribunaux, leur décision étant rendue sur un point de droit peut toujours être déférée à la cour de cassation. Au contraire, échapperait à la censure de la cour suprême, la décision par laquelle le juge aurait interprété la portée d'une disposition obscure ou équivoque.

La preuve d'une substitution ne peut résulter que de l'acte même, testament ou donation; il ne serait pas permis de faire cette preuve par d'autres moyens, soit par témoins, soit par lettres missives, soit en déférant le serment au légataire ou donataire. A quoi servirait en effet de prouver qu'en dehors de l'acte de donation ou du testament, le donateur a engagé, prié le gratifié, qu'il lui a même prescrit de conserver les biens pour les remettre à un tiers ? On ne peut, alors qu'on écarte comme insuffisantes les dispositions exprimées dans la donation ou le testament en termes précatifs, attacher quelque importance à des prières ou injonctions complétement dépourvues de force obligatoire, qui peuvent bien créer pour le grevé une obligation morale, mais qui ne sont rien de plus qu'un précepte nu, incapable de former un lien juridique.

La nullité d'une substitution peut être demandée par tous ceux qui y ont un intérêt actuel. Au premier rang se trouvent les héritiers légitimes du disposant; ils le pourraient même, s'ils jouaient dans la disposition le rôle de grevés, parce qu'en pareil cas les dispositions étant annulées, ils recueilleront, non plus la propriété temporaire des biens *ex testamento*, mais la propriété incommutable comme héritiers *ab intestat*.

La nullité des substitutions est absolue et d'ordre public; il s'ensuit que le ministère public doit donner ses conclusions toutes les fois que de ce chef, la nullité d'une disposition est demandée. Mais les juges sont-ils tenus de suppléer d'office le moyen qui résulte de cette nullité lorsqu'il n'a pas été invoqué? Oui, si par d'autres moyens la nullité de la disposition est demandée; mais non si elle n'est pas attaquée; car, en l'annulant, les juges encourraient le reproche d'*ultra petita*, qui donne ouverture à la requête civile (art. 480 Code de Procédure).

SECTION II.

Substitutions permises.

(Sauf quelques exceptions de détail, les règles du code, en cette matière, sont conformes à celles de l'ordonnance de 1747 ; pour éviter des redites nous ne nous appesantirons donc pas sur des principes que nous avons déjà développés plus haut, et nous nous bornerons à expliquer les changements introduits dans la législation nouvelle).

En refusant au père de famille le droit rigoureux de l'exhérédation, les rédacteurs du code n'entendaient pas lui ôter tout moyen de répression envers ses enfants, ils lui laissèrent donc la faculté de priver de toute la portion disponible ceux qui lui auraient donné des sujet. de mécontentement. Le projet du titre de la puissance paternelle allait même beaucoup plus loin ; dans le but d'empêcher que les dissipations et les prodigalités du fils n'entraînassent la ruine de ses enfants, on se proposait de renouveler, dans nos lois modernes, l'exhérédation officieuse, et de permettre au père de famille de réduire son fils à l'usufruit de ses biens, en attribuant aux petits-fils la nue-propriété même de la portion réservée. Cette disposition ne devait du reste être valable qu'autant que la dissipation du fils exhérédé eût été notoire, que le testateur eût expri-

môla cause de sa résolution, que cette cause eût été
juste, et qu'elle eût été persistante au jour de la
mort. Reportés du titre de la puissance paternelle
au titre des donations et testaments, ces articles
succombèrent lors de la discussion au conseil d'Etat,
devant les inconvénients pratiques que chacun
apercevait. En subordonnant l'exhérédation officieuse à l'énonciation des motifs qui l'avaient dic-
tée, n'obligeait-on pas le testateur à infliger à son
fils une triste note d'incapacité ou d'inconduite ?
N'était-ce pas ruiner à tout jamais le crédit du fils,
même alors que la prodigalité aurait cessé? A quels
procès scandaleux n'ouvrait-on pas ainsi la porte ?
« Serait-il possible, disait M. Bigot Préameneu, en
présentant l'exposé des motifs, serait-il possible
d'imaginer une scène plus contraire aux bonnes
mœurs, que celle d'un aïeul dont la mémoire serait
déchirée par son fils réduit à l'usufruit, en même
temps que la conduite de ce fils serait dévoilée par
ses propres enfants ? »

Ce fut en présence de ces résultats impossibles à
admettre que le premier consul, avec l'appui de Cam-
bacérès et de Portalis, proposa d'accorder le droit de
substituer la quotité disponible pour un degré seulement, tant en ligne directe qu'en ligne collatérale.
Cette idée rencontra d'ardents adversaires, et fut
vainement combattue par Tronchet surtout,, en

haine de tout ce qui pouvait ramener à l'ancien système des substitutions. L'opinion contraire l'emporta cependant; mais d'ombrageuses susceptibilités firent écarter dans la rédaction des articles le mot de *substitutions* « pour ne donner ni fausses idées, ni fausses espérances.»

La faculté de substituer; car malgré les scrupules des rédacteurs du Code, il faut bien lui restituer son véritable nom, et déjà Bigot Préameneu l'avait fait dans son exposé des motifs, est, au reste, restreinte dans les plus étroites limites, et soumise à de sévères conditions. Les substitutions permises ne peuvent porter que sur la portion disponible, et elles seraient réductibles dans le cas où elles entameraient la réserve (art. 1048-1049).

Elles ne peuvent être établies que par le père ou la mère des grevés, ou par leurs frères et sœurs en cas de mort sans enfants (art. 1048-1049).

Les appelés doivent être descendants du grevé au premier degré.

La substitution doit être établie au profit de tous les enfants nés et à naître du grevé, sans distinction d'âge ni de sexe (art. 1050).

Ces trois dernières conditions sont si essentielles que, si elles ne concourent pas, la disposition toute entière retombe sous le coup de la nullité de l'article 896.

En ligne directe, l'art. 1048 ne permet-il la substitution officieuse qu'aux seuls pères et mères? Le tribunat avait proposé d'ajouter ces mots : « et aux autres descendants » ; mais cette proposition n'eut pas de suite. On peut donc penser que, le caractère de notre article étant tout exceptionnel, la faculté qu'il accorde au père et à la mère ne peut être étendue à l'aïeul et aux autres ascendants. Une opinion contraire permet cependant à ceux-ci de substituer dans les mêmes conditions, parce qu'il y a les mêmes raisons de leur permettre, et que *ubi cadem ratio, idem jus esse debet.*

La faculté de substituer n'est attribuée aux frères et sœurs que pour le cas où ils meurent sans postérité. Ainsi, un testateur qui laisse un fils peut bien léguer à son frère la moitié de ses biens; mais il ne peut les lui léguer grevés de substitution en faveur de ses neveux. Ce n'est, en effet, qu'à l'égard du frère héritier légitime que le pouvoir de substituer a été accordé. Celui-ci a, de par la loi, une vocation à la succession du disposant dont il ne peut être privé que par une exclusion jusqu'à un certain point outrageante. D'ailleurs, n'était-il pas bien plus naturel d'accorder cette faveur, car c'en est une, dans les cas où la substitution a précisément pour but de concilier avec l'intérêt légitime de la famille la conservation de l'ordre légal des successions, que dans lo cas où elle aurait grevé une disposition qui répudie lo vœu du législateur sur la transmission des biens ?

La disposition faite au profit d'un frère par un disposant qui n'avait pas d'enfant à ce moment sera donc révoquée si plus tard il en survient un ; mais, si celui-ci vient à mourir avant lo disposant, la substitution restera-t-elle valable ? oui s'il s'agit d'une substitution établie par testament parcequ'il ne faut considérer en pareille matière que lo moment du décès du testateur. Si, au contraire, il s'agit d'une substitution par donation entre vifs, elle est, comme lo contrat tout entier dont elle fait partie, révoquée do plein droit par survenance d'enfant et ne peut revivre par lo prédécès de ce dernier. (Article 960 et 964.)

La substitution n'est autorisée qu'au profit des enfants du grevé. Sans doute les mêmes raisons qui avaient fait admettre les dérogations à la prohibition de l'art. 896 contenue dans los art. 1048 et 1049, auraient pu faire permettre aussi do substituer à son fils et à son frère, les petits enfants de ceux-ci ; mais la loi ne l'a pas fait, et sa disposition ne doit pas être étendue hors de ses limites. Il y a cependant un cas exceptionnel où lo bénéfice de la substitution sera recueillie par les petits enfants du grevé, c'est lorsque lo grevé laisse en mourant des enfants appelés, et des petits enfants issus d'enfants prédécédés; ceux-ci recueilleront par représentation la part qui aurait dû échoir à leur père s'il eût survécu, et en cela l'art. 1051 déroge au système de l'ordonnance qui jamais n'admettait la représentation en cette matière. Mais si tous les enfants du grevé étaient morts avant lui, la substitution serait caduque et ne passerait pas à ses petits enfants.

Il est non moins essentiel que la disposition conserve l'égalité la plus parfaite entre tous les enfants du grevé nés et à naître; le législateur n'a pas entendu faire un retour vers les anciens privilèges d'aînesse et de masculinité; mais seulement, nous ne saurions trop le répéter, permettre au disposant d'assurer l'avenir de ses petits fils ou de ses neveux.

L'art. 1052 reproduisant les dispositions de l'article 16 de l'ordonnance de 1747 permet de substituer aux choses précédemment données, sans que le donataire, pourvu qu'il ait accepté la seconde libéralité, puisse se soustraire à l'obligation de restituer, quand bien même il offrirait de rendre les biens compris dans la seconde pour s'en tenir à la première.

Les mêmes biens qui pouvaient faire l'objet d'une substitution sous l'ordonnance le peuvent encore sous le code, avec cette extension cependant que le disposant peut ordonner la conservation en nature de toutes choses mobilières, et non plus seulement du mobilier servant à l'usage ou à l'ornement des maisons et châteaux substitués (art. 1063-1064).

Comme sous l'ordonnance, le grevé est propriétaire temporaire et résoluble des biens substitués, mais sous l'éventualité d'une consolidation; il s'en suit que le code lui reconnaît les mêmes droits et les mêmes devoirs en ce qui touche la jouissance et la propriété. Il n'a la faculté d'aliéner que dans les cas et sous les restrictions marquées sous l'ordonnance.

Propriétaire des biens substitués, le grevé en a la libre et pleine administration; il a par conséquent le droit de faire des baux; mais comme il serait dangereux de lui permettre d'engager ainsi l'avenir, il semble conforme à l'esprit du code de ne regarder comme obligatoires pour les appelés que les baux dont la durée n'excède pas une période de neuf années. Telle était déjà l'opinion de Pérégrinus, ainsi que nous l'avons dit plus haut.

Les créanciers du grevé ne peuvent exercer leurs droits sur les biens substitués que quant aux fruits; ils n'ont aucun recours sur le fonds, sauf l'exception de l'art. 1054, qui accorde, sur ces biens, à la femme mariée, une hypothèque subsidiaire en cas d'insuffisance des biens libres de son mari, pour le recouvrement des deniers dotaux, mais seulement pour le capital, et dans le cas où le disposant l'aurait ordonné. Comme sous l'ordonnance, la remise anticipée, faite par le grevé, ne peut nuire à ses créanciers antérieurs. (Art. 1054).

La question qui divisait nos anciens auteurs, celle de savoir si les biens substitués peuvent être prescrits au préjudice de l'appelé *pendente conditione*, n'a pas été tranchée par le code, et la controverse dure encore. Les partisans de la négative s'appuient par dessus-tout sur la maxime *contra non valentem*. Mais est-il vrai que les appelés soient dépourvus de tous moyens d'interrompre la prescription ? Non, car ils ont, tout le monde le reconnaît, la faculté d'intenter les actions conservatoires; ce qui comprend. c'est un défenseur du système contraire, Thévenot, qui nous l'apprend, « toutes les actions qui ne tendent qu'à empêcher qu'on ne rende leur espérance illusoire et vaine. » Est-ce que cette définition ne s'applique pas parfaitement aux actes interruptifs de prescription, et par conséquent n'écarte pas l'argument qu'on pourrait tirer de la règle *contra non valentem*, etc. ?

On cherche une autre objection dans l'art. 2226, qui déclare imprescriptible : « le domaine des choses « qui ne sont point dans le commerce. » Or, dit-on, les biens substitués étant inaliénables ne sont pas dans le commerce. C'est pousser trop loin le paral-

lélisme entre l'inaliénabilité et l'imprescriptibilité.
La disposition de l'art. 2226 ne s'applique qu'aux
choses qui sont hors du commerce d'une manière absolue, qui ne sont pas susceptibles d'une propriété
particulière, comme les biens du domaine public.
Les biens substitués ne tombent pas sous l'application
de cet article; ils sont en effet aliénables dans certains
cas, comme nous l'avons vu plus haut; ils le sont
même bien plus facilement que les forêts nationales
dont l'aliénation ne peut avoir lieu qu'en vertu d'une
loi, et qui ne laissent cependant pas d'être prescriptibles; (art. 2227); on ne peut donc conclure nécessairement de leur inaliénabilité à leur imprescriptibilité.
Et, dans cet ordre d'idées, on peut dire encore que
le code, après avoir formellement décidé que l'immeuble dotal serait inaliénable (1554) n'a pas moins
cru devoir dire expressément qu'il serait imprescriptible (art. 1561 — 2255), tant il est vrai que le
législateur était loin de penser que cette qualité fût
la conséquence nécessaire de la première. D'ailleurs
le droit commun en cette matière est que « la pres-
« cription court contre toutes personnes, à moins
« qu'elles ne soient dans quelque exception établie
« par une loi. » Nous ne trouvons nulle part
d'exception établie en faveur de l'appelé; elle n'est
pas non plus commandée par les principes; il est
donc juste de dire que *pendente conditione* les biens

substitués peuvent être proscrits au préjudice des appelés. Du reste, et bien qu'on ne puisse tirer de ce fait un argument décisif, une garantie nouvelle a été accordée aux appelés par la nomination d'un tuteur spécialement chargé de veiller aux intérêts de la substitution, et responsable sur ses propres biens s'il a négligé de faire les diligences nécessaires à son exécution.

Ce qui précède ne s'applique qu'à la prescription qui aurait couru *pendente conditione*, contre un appelé majeur; mais s'il était mineur ou interdit, elle aurait été suspendue à son égard, et n'eût couru que contre le grevé.

Le code a reproduit, à part quelques modifications, les mesures que l'ordonnance de 1747 avait prescrites pour la conservation des biens substitués.

L'ordonnance, on ne l'a pas oublié, avait commis le premier appelé à veiller à l'exécution des mesures imposées au grevé, et à surveiller son administration ; toutefois elle avait ordonné la nomination d'un curateur chargé de ce soin, pour le cas où le premier substitué n'était pas encore né, ou pour celui où il était le fils du grevé ou placé sous sa puissance. Le code a généralisé cette disposition, en prescrivant qu'en toute circonstance un tuteur spécial serait nommé à l'exécution de la substitution. Dans notre législation actuelle, en effet, les appelés se trouvant toujours être les fils, ou par représentation les petits fils du grevé, il y avait lieu de redouter que la crainte révérentielle ne les empêchât d'apporter un contrôle sérieux à l'administration de celui-ci. Le tuteur à la substitution est donc un surveillant donné au grevé, chargé d'assurer la conservation des biens et leur restitution. Il est personnellement responsable s'il néglige de faire les diligences nécessaires à cet effet, mais d'ailleurs, comme il n'administre pas, comme, à proprement parler, il est plutôt un curateur qu'un tuteur ; ses biens ne sont pas soumis à l'hypothèque légale qui grève ceux des tuteurs ordinaires. Il n'y a pas non plus lieu à la nomination d'un subrogé tuteur. Comme les autres tutelles, celle-ci ne peut être refusée que pour une des causes de dispense légale.

La nomination du tuteur peut être faite par l'auteur de la substitution lui-même, soit dans l'acte de donation ou dans le testament, soit dans un acte authentique postérieur (art. 1054). Elle serait valable aussi si elle était contenue dans un testament olographe postérieur; car celui-ci a la même force qu'un acte public et solennel.

Si la nomination n'a pas été faite par l'auteur de la substitution, l'obligation de la provoquer est dévolue au grevé, qui doit y satisfaire à peine de déchéance dans le délai d'un mois, à partir du décès du disposant, ou du moment où, depuis la mort de celui-ci, il a eu connaissance de la substitution. (art. 1056, 1057.) Si le grevé est mineur, c'est à son tuteur qu'incombe cette obligation, et sa responsabilité y est d'autant plus engagée, qu'en cas de négligence de sa part, la minorité du grevé ne saurait l'exempter de la déchéance.

La rédaction de l'art. 1057 a soulevé quelques difficultés, et a reçu diverses interprétations. « Le « grevé qui n'aura pas satisfait à l'article précédent, « y est-il dit, *sera déchu* du bénéfice de la disposi- « tion ; et dans ce cas le droit *pourra être déclaré* « *ouvert* au profit des appelés, à la diligence soit « des appelés s'ils sont majeurs, soit de leur tuteur « ou curateur s'ils sont mineurs ou interdits, soit « de tous parents des appelés majeurs, mineurs ou « interdits, ou même d'office, à la diligence du pro- « cureur du roi, près le tribunal de première ins- « tance du lieu où la succession est ouverte. » Selon M. Grenier, la seconde phrase modifierait la première en ce sens que le juge aurait à décider, d'après les circonstances, s'il y a lieu de prononcer immédiatement la déchéance, ou d'accorder au grevé un délai pour remplir son obligation. MM. Duranton et Delvincourt rejettent cette opinion à laquelle répugne trop manifestement l'expression impérative dont s'est servi le législateur. Suivant eux, autre chose est la déchéance du droit du grevé qui doit toujours être prononcée; autre chose est l'ouverture de la substitution qui ne peut avoir lieu qu'au cas où il y a un appelé sur la tête de qui puisse reposer le droit. L'expression *pourra être prononcée* se réfère donc à la possibilité qu'il y ait un appelé existant au moment où la déchéance est prononcée; dans ce cas, la substitution sera ouverte en sa faveur, à charge par lui, bien entendu, d'y faire participer les appelés qui viendraient à naître par la suite; car la déchéance du grevé ne doit pas leur préjudicier. Mais si, au moment où elle est prononcée, il n'existe pas encore d'appelés, que deviendront les biens? MM. Coin-Delisle, Delvincourt et Marcadé les attribuent provisoirement aux héritiers *ab intestat* jusqu'à ce qu'il naisse un appelé. Leur opinion ne nous semble pas fondée; à quel titre les héritiers *ab intestat* profiteraient-ils d'une déchéance qui n'est que la sanction d'une mesure établie dans le seul intérêt des appelés? Nous dirons plutôt avec M. Zachariæ qu'en pareil cas il appartiendra au tribunal qui prononcera la déchéance, d'ordonner toutes les mesures conservatoires qui lui paraîtront nécessaires dans l'intérêt de ceux-ci. D'autres auteurs enfin adoptent une troisième explication, qui n'est pas inconciliable avec le système que nous venons d'exposer. Suivant eux, l'expression *pourra être déclaré ouvert* est expliquée par les mots qui suivent : *à la diligence soit des appelés....soit de leur tuteur ou curateur.* En d'autres termes, l'article 1057 donne à chacune des personnes qu'il énumère la faculté de demander aux tribunaux la déchéance du grevé, et l'ouverture de la substitution.

Ce tuteur, gardien des intérêts des appelés, doit particulièrement veiller à ce que le grevé remplisse les obligations que la loi lui impose en ce qui concerne l'inventaire des biens substitués, la vente du mobilier, l'emploi ou le remploi des deniers comptants, enfin, la publicité à donner à la substitution. Ces mesures, sauf de légères différences, sont reproduites de l'ordonnance de 1747.

« Après le décès de celui qui aura disposé à la
« charge de restitution, dit l'art. 1058, il sera pro-
« cédé, dans les formes ordinaires, à l'inventaire
« de tous les biens et effets qui composeront sa suc-
« cession, excepté, néanmoins, le cas où il ne s'agi-
« rait que d'un legs particulier. Cet inventaire com-
« prendra la prisée à juste prix des meubles et ef-
« fets mobiliers.» L'ordonnance exigeait la confection d'un inventaire, même quand il ne s'agissait que d'une substitution particulière; mais le Code a pensé, avec raison, que, dans ce cas, il était inutile, puisque la disposition elle-même désigne les biens

sur lesquels porte la charge de restitution. L'inventaire serait inutile, et ne devrait pas être dressé, si la substitution était établie par donation entre vifs; en effet, dans ce cas, l'acte de donation lui-même doit contenir la désignation des immeubles, et un état des meubles et effets mobiliers. Cet inventaire doit être dressé dans un délai de trois mois, en présence du tuteur à la substitution. Ce terme expiré, si le grevé s'est abstenu d'y faire procéder, le tuteur devra, dans le mois qui suit, le faire dresser en y appelant le grevé; si lui même néglige ce soin, il sera responsable du préjudice qui pourra en résulter, et le droit de provoquer cet inventaire passera à toutes les personnes désignées dans l'art. 1057 *in fine.*

Les art. 1062, 1063 et 1064 imposent au grevé l'obligation de faire vendre aux enchères les meubles et effets mobiliers compris dans la substitution, à l'exception de ceux que le disposant a déclarés devoir être conservés en nature, ainsi que de ceux qui sont immeubles par destination. Cette vente ne doit comprendre que les meubles corporels; c'est ce qui résulte bien évidemment de l'art. 1066, qui charge précisément le grevé de faire emploi du montant des créances recouvrées et du capital des rentes remboursées pendant sa jouissance. Aucun délai n'est explicitement fixé pour cette vente, ni dans le code, ni dans l'ordonnance; mais on remarque qu'il doit être fait emploi des sommes en provenant, dans les six mois qui suivent la clôture de l'inventaire, d'où il paraît bien résulter que cette vente doit avoir lieu avant l'expiration de ce terme. La sanction de cette obligation sera la responsabilité qu'encourront le grevé et le tuteur à l'exécution envers les appelés, si du retard qu'ils ont mis à la remplir, naît, pour ces derniers, un préjudice. (Art. 1073 et 1074)

L'ordonnance n'avait permis la substitution de sommes d'argent qu'autant que le disposant avait, par une clause expresse, prescrit qu'il en serait fait emploi. Cette condition a cessé d'être nécessaire; le code a pris soin de la prescrire pour tous les cas où la substitution porte sur des sommes d'argent. L'emploi doit avoir lieu dans les six mois qui suivent la clôture de l'inventaire, sauf aux tribunaux à proroger ce délai si les circonstances le font paraître insuffisant. Il doit comprendre non-seulement les sommes données ou léguées à charge de restitution, mais celles qui proviennent de la vente des meubles. Si dans le cours de sa jouissance, le grevé reçoit le montant de créances ou de rentes substituées, ou s'il touche le prix d'immeubles expropriés pour cause d'utilité publique, en un mot, si des biens faisant partie de la substitution sont remplacés entre ses mains par une somme d'argent, il devra en faire le remploi dans un délai de trois mois. Le tuteur doit faire toutes les diligences nécessaires pour arriver à cet emploi, pour lequel sa présence est d'ailleurs requise par l'art. 1068.

Si le mode a été réglé par le disposant, on doit se conformer à ce qu'il aura ordonné; sinon il devra consister en acquisitions d'immeubles ou de créances privilégiées sur des immeubles. Malgré les termes de l'art. 1067, ce ne serait pas violer la loi que d'effectuer ce remploi par l'acquisition d'une créance hypothécaire, dans le cas, où par exception, l'hypothèque prime même les privilèges.

En ce qui concerne la publicité exigée par la loi, dans l'intérêt des tiers, le code a maintenu le principe de l'ordonnance. Toutefois il a remplacé l'ancienne insinuation, par la transcription des actes de donation entre vifs et des testaments établissant substitution sur des immeubles (art. 1069), à quoi il faut ajouter celle de l'acte d'acquisition d'immeuble pour emploi de sommes substituées. Quant aux substitutions portant sur des rentes avec privilèges ou hypothèques, elles doivent être portées à la connaissance des tiers par une mention faite en marge des inscriptions déjà prises, ou dans celles qu'il y aurait lieu de prendre pour la conservation desdits privilèges et hypothèques.

Les substitutions s'ouvrent de plusieurs manières : la plus ordinaire, c'est la mort du grevé. Les biens sont dès lors recueillis par les appelés existants ou conçus, et par les enfants des appelés prédécédés dans le cas où la représentation est admise; et ces biens demeurent libres entre leurs mains; car le code n'admet pas les substitutions graduelles.

La substitution s'ouvre encore par tout évènement qui fait cesser le droit du grevé, (art. 1053). Cette cause peut être involontaire ou volontaire. Elle est contraire à la volonté du grevé lorsque la donation à lui faite est révoquée pour cause d'ingratitude, ou pour inexécution des conditions, ou lorsqu'il a encouru la déchéance pour n'avoir pas fait nommer un tuteur à la substitution.

Quant à la révocation pour cause de survenance d'enfant au donateur, il n'y a pas lieu d'en parler ici, parce qu'elle ne donne pas ouverture aux droits des appelés, mais qu'elle annule tout à la fois et la donation et la substitution.

Lorsque la substitution est révoquée pour cause d'ingratitude ou d'inexécution des conditions, le droit des appelés est ouvert immédiatement, en ce sens que s'il y a des appelés actuellement existants, ils recueilleront les biens, sauf à y faire participer ceux qui pourraient naître par la suite, le législateur si jaloux de maintenir l'égalité entre les enfants du grevé, n'a pas voulu que la faute de celui-ci pût enrichir les uns au préjudice des autres. Mais que deviendraient les biens substitués si au moment où la révocation est prononcée, il n'existait pas encore d'appelés ? En pareil cas il serait juste de les attribuer provisoirement au disposant ou à ses héritiers, qui en jouiraient à charge de les restituer au premier appelé qui viendrait à naître, et qui, si aucun ne se présentait, les conserveraient définitivement. Nous avons donné plus haut une autre solution pour le cas où le grevé encourt la déchéance pour n'avoir pas provoqué la nomination d'un tuteur, alors qu'il n'y a pas d'appelé existant qui puisse recueillir la substitution. La raison de cette différence est sensible : dans ce dernier cas la déchéance est prononcée comme sanction d'une obligation qui n'intéresse que les appelés, et nullement le disposant ni ses héritiers, ceux-ci n'ayant aucun intérêt à l'observation de cette formalité, il n'y a pas de raison pour leur accorder la mise en possession des biens substitués qui, dans le système du code, est pour les appelés une garantie de leurs droits conditionnels. Au contraire, dans le cas de révocation pour ingratitude ou pour inobservation des conditions, le disposant a été lésé, et si les appelés ne sont pas là pour recueillir les biens substitués, rien de plus naturel que d'en accorder la possession provisoire au donateur ou à ses héritiers, comme un dédommagement du tort que lui a fait la faute du grevé.

Si c'est par l'effet d'un acte volontaire de ce dernier que sa jouissance prend fin, c'est-à-dire, s'il fait une remise anticipée des biens substitués, cet acte n'est qu'une convention dont l'effet est restreint entre ceux qui y ont été partie, et qui ne peut être opposé ni aux tiers-acquéreurs ni aux créanciers qui ont date certaine antérieure à cette remise anticipée. Ceux-ci conserveront donc jusqu'à la mort du grevé les droits qu'ils en auraient acquis sur les biens substitués, ou pourront en saisir les fruits pour arriver au paiement de ce qui leur est dû. Également cette convention est à l'égard de ceux des appelés qui n'y auront pas participé *res inter alios acta*; d'où il suit que, quant à eux, la substitution s'ouvre à la mort du grevé, et que c'est toujours à cette époque qu'il faut se reporter pour régler les droits définitifs des appelés. En revanche entre le grevé et les appelés envers lesquels elle a lieu, la remise anticipée produit les effets d'un véritable contrat. Quant à ceux-ci, l'abandon du grevé est définitif, de sorte que, s'il leur survit, il ne peut se dire propriétaire incommutable des biens de la substitution qui passeront au contraire aux héritiers des appelés. Quant aux appelés cessionnaires, la remise anticipée fixe définitivement leurs droits réciproques : si la substitution s'était ouverte normalement à la mort du grevé, chacun d'eux pouvait se trouver seul, au contraire chacun pouvait prédécéder; ils conviennent de renoncer à cet *alea*, et se partagent irrévocablement les biens, en sorte que si l'un d'eux meurt avant le grevé, sa portion, au lieu d'accroître à la substitution, soit recueillie par ses héritiers.

Qu'adviendra-t-il des droits du substitué lorsque la libéralité faite au grevé ne se réalise pas, soit qu'elle devienne caduque par son prédécès, soit par son incapacité, qui peut résulter de son indignité ou de sa condamnation à une peine afflictive perpétuelle, soit enfin par sa répudiation ? la solution est différente selon que la disposition est entre-vifs ou testamentaire. Dans le premier cas le refus ou l'incapacité du donataire empêchant le contrat de se former, il n'y a rien qu'une offre non acceptée, d'où ne peut sortir aucun effet juridique. Il n'en est pas de même lorsque la disposition est testamentaire, la caducité de l'institution n'entraîne pas celle de la substitution. L'intention bien manifestée du testateur était de préférer les appelés à ses héritiers; le prédécès, la renonciation ou l'incapacité du grevé n'est pas une raison de s'écarter de cette intention. Il faudra donc attribuer aux appelés les biens en vertu d'une sorte de substitution vulgaire, nous disons une *sorte de substitution vulgaire*; car elle sera étendue même aux appelés qui ne seraient pas encore conçus au décès du testateur; en effet, restreindre le bénéfice de la disposition à ceux-là seuls qui existeraient à cette époque, ce serait enfreindre et l'intention du disposant et le vœu de la loi qui est la conservation de l'égalité entre tous. S'il n'y a pas d'appelés, les biens resteront entre les mains des héritiers ou des légataires universels; mais ceux-ci devront les restituer au premier appelé qui viendrait à naître par la suite.

Le code n'a pas reproduit l'art. 31 de l'ordonnance de 1747; cependant nous inclinons à pencher qu'il doit encore être exécuté, et que l'appelé peut, bien qu'héritier pur et simple du grevé, revendiquer les biens que celui-ci, a mal à propos aliénés, sans qu'on puisse lui opposer la maxime *quem de evictione tenet actio eumdem agentem repellit exceptio.* Cette dérogation aux principes s'appliquera même plus souvent sous l'empire du Code que sous celui de l'ordonnance, puisqu'aujourd'hui les appelés sont toujours les héritiers naturels du grevé.

Nous avons traité en parlant des droits du grevé, la question de savoir si la prescription qui a couru contre lui est opposable aux appelés; examinons maintenant dans quelle limite ils sont liés par les jugements rendus contradictoirement avec le grevé.

Il y a sur ce point plusieurs distinctions à faire : 1° Si le tuteur à la substitution, contradicteur légitime en pareil cas, a été mis en cause, si le ministère public a donné ses conclusions, et il doit le faire toutes les fois qu'une des parties au procès est représentée par un curateur (art. 83 C. Proc.) les décisions ainsi rendues sont opposables aux appelés comme au grevé lui-même, et ils n'auraient pour les attaquer que les voies qui resteraient ouvertes à celui-ci ; 2° Si le tuteur avait été mis en cause, mais sans que le ministère public ait conclu, les décisions pourraient être attaquées par la voie de la requête civile (Pr. art. 83 et 480-8°) ; 3° enfin si le tuteur n'a pas été mis en cause, l'appelé pourra recourir à la tierce opposition, lors même que le ministère public aurait été entendu. En effet, dans le système de l'ordonnance qui n'avait pas donné un représentant légal aux appelés, c'était aux gens du roi qu'était confié le soin de leurs intérêts, d'où il suit que les conclusions du ministère public suffisaient à les faire réputer valablement représentés ; aujourd'hui il n'en saurait être de même, et si le tuteur à la substitution n'est pas mis en cause, le jugement rendu contre le grevé est, quant aux appelés, *res inter alios judicata.*

Quant aux transactions consenties par le grevé, il faut, pour qu'elles soient opposables aux appelés, que le tuteur à la substitution y ait été présent; il faut en outre qu'elles aient reçu l'homologation du tribunal, le ministère public entendu, comme lorsqu'il s'agit de transactions qui intéressent des absents, des mineurs ou des interdits. Du reste, ces formalités ne sont prescrites que dans l'intérêt des appelés, d'où il suit que le tiers qui a transigé avec le grevé, ne saurait dans la suite opposer le défaut de ces formalités à l'appelé, qui peut toujours se prévaloir de la transaction, pourvu qu'il en accepte toutes les parties : en effet, le grevé est censé avoir toujours eu qualité suffisante pour améliorer la substitution. D'ailleurs, si la transaction ou le jugement étaient antérieurs à la transcription de la substitution, l'appelé serait lié, sauf son recours contre qui de droit.

CHAPITRE V.

MODIFICATIONS AU SYSTÈME PRIMITIF DU CODE.

Majorats. — Lois de 1826, de 1835, de 1849.

Le système prévoyant et sage que nous venons d'examiner ne tarda pas à recevoir de profondes altérations. Dès que la face de la politique eut changé; dès que Napoléon eut fait succéder l'empire à la république, il chercha à entourer sa nouvelle dynastie de tout ce qui avait fait jadis le

prestige et la force de l'ancienne monarchie. Déses-
pérant de rallier à lui la vieille aristocratie, qui se
montrait peu disposée à répondre à ses avances, il
voulut en créer une nouvelle qui servît de contre-
poids à l'hostilité de l'ancienne; il voulut la combler
de faveurs, se l'attacher par la reconnaissance, et
trouver en elle la plus brillante décoration et le plus
ferme appui de son trône. On sait si ce but devait
être atteint.

L'empereur craignait cependant de heurter trop
ouvertement les idées profondément démocratiques
qu'avait gardées la nation au lendemain de la révolution. Aussi ne fût-ce que peu-à-peu, avec une
circonspection qui n'était guère dans ses habitudes,
qu'il procéda à la création de la noblesse. La vic-
toire servit ses projets; maître des provinces d'Istrie,
de Dalmatie, de Frioul, de Bellune, de Tréviso, de
Feltre, de Bassano, etc., il les érigea en grands fiefs
par plusieurs décrets du 30 mars 1806, se réservant
le droit de les distribuer à ses lieutenants pour être
par eux transmis héréditairement de mâle en mâle
et d'aîné en aîné, comme les anciennes duchés-
pairies, avec reversibilité à l'État en cas d'extinction
de la descendance mâle du premier feudataire.
C'était déjà quelque chose; cependant jusqu'alors,
la nouvelle institution ne reposait que sur les terres conquises, mais n'avait pas encore pénétré sur

le vrai sol de la vieille France. Quelque chose de plus décisif se produisit dans la même année : la princesse Pauline Borghèse et le prince son époux, avaient cédé au royaume d'Italie leur principauté de Guastalla ; un sénatus-consulte, du 14 août 1806, décida que le prix de la cession servirait à l'acquisition de terres situées sur le territoire de l'empire, lesquelles deviendraient la propriété du prince et de la princesse, pour être transmis par eux à leurs descendants mâles, selon l'ordre de primogéniture, aux mêmes charges et conditions que devait l'être leur principauté. Le sénatus-consulte contenait, en outre, une disposition générale qui donnait à l'empereur la faculté de permettre à un citoyen de substituer ses biens libres, pour en former la dotation d'un titre héréditaire érigé en sa faveur et en celle de ses descendants. Voilà donc du même coup, la noblesse impériale et l'institution destinée à en conserver le prestige rétablie, du moins en principe ; c'est à cette innovation que se rapporte le dernier alinéa de l'art. 896 inséré, l'année suivante, dans la deuxième édition du code, et dont la rédaction actuelle est celle-ci : « Néanmoins, les biens libres
« formant la dotation d'un titre héréditaire que le
« Roi aurait érigé en faveur d'un prince ou d'un
« chef de famille, pourront être transmis hérédi-
« tairement, ainsi qu'il est réglé par l'acte du 30 mars

« 1806, et par celui du 14 août suivant. » Les applications suivirent de près. Le 1ᵉʳ mars 1808 paraissent deux décrets : Le premier crée une noblesse nouvelle dont les titres sont transmissibles héréditairement aux fils aînés, pourvu que le premier titulaire ait constitué en leur faveur un majorat. Le second, divisé en cinq titres, organise les majorats ; la pensée impériale est révélée par le préambule de ce décret : « L'objet de cette institu- « tion, y est-il dit, a été non seulement d'entourer « notre trône de toute la splendeur qui convient à sa « dignité, mais encore de nourrir au cœur de nos « sujets une louable émulation, en perpétuant d'il- « lustres souvenirs, et en conservant aux âges futurs « l'image toujours présente des récompenses qui « sous un gouvernement juste suivent les grands « services rendus à l'État. »

Les majorats sont donc des substitutions perpé- tuelles formant la dotation d'un titre héréditaire. Ce nom n'est pas nouveau ; les majorats avaient joui d'une haute faveur en Espagne et en Italie, où leur origine remonte d'après l'auteur du Traité des majorats d'Italie, Jean de Torre, jusqu'au temps de Pépin et de Charlemagne. Le nom s'en était même conservé jusqu'après l'ordonnance de Louis XV, dans les provinces si longtemps Espagnoles du Roussillon et de la Franche-Comté. Au reste, Thévenot nous apprend qu'on y suivait les règles des substitutions, et non pas les règles particulières des majorats.

Cette institution est toute politique; aussi un serment spécial, qui rappelait jusqu'à un certain point l'ancien hommage féodal en ce qu'il obligeait formellement le nouveau feudataire au service militaire, était-il exigé de tous les titulaires d'un majorat, soit que celui-ci émanât directement de la munificence du prince, soit qu'il fût constitué en biens privés, selon les distinctions que nous verrons bientôt. Voici la formule de ce serment : « Je jure
« d'être fidèle à l'empereur et à sa dynastie, d'obéir
« aux constitutions, lois et règlements de l'Empire,
« de servir Sa Majesté en bon, loyal et fidèle sujet,
« et d'élever mes enfants dans les mêmes senti-
« ments de fidélité et d'obéissance, et de marcher à
« la défense de la patrie toutes les fois que le ter-
« ritoire serait menacé, ou que Sa Majesté irait
« à l'armée. » (Décret du 1er mars 1808, article 37.)

Du caractère éminemment politique des majorats il suit encore qu'aucune érection ne peut avoir lieu sans le concours du chef de l'État, soit comme créateur, soit comme autorisant. En effet, il y a lieu de distinguer deux sortes de majorats, les uns dits *de propre mouvement*, qui sont ceux dont l'Empercur fournit la dotation, et les autres appelés *majorats sur demande*, qui sont constitués avec les biens propres de l'impétrant.

La première condition pour devenir titulaire d'un majorat, c'est d'être décoré d'un titre de noblesse. Le majorat ne suppose pas nécessairement trois personnes comme la substitution; en effet dans le cas d'un majorat sur demande, il peut se faire que le disposant, le créateur, soit en même temps le grevé, ou plutôt le *titulaire*, pour employer le mot propre; c'était même le plus souvent pour soi-même que l'on constituait un majorat.

La femme mariée peut être admise à constituer un majorat pris sur ses biens propres en faveur de son mari et de leurs descendants communs; elle doit à cet effet être autorisée de son mari. (C. N. art. 217). Cette disposition ne se trouvait pas dans le décret du premier mars 1808; elle fut introduite par celui du 17 mai 1809.

Les majorats de propre mouvement devaient être pris sur les biens composant le domaine extraordinaire constitué par l'acte du 30 janvier 1810 : ce domaine se composait des biens acquis par la conquête, ainsi que des biens situés en France et qui provenaient des confiscations révolutionnaires. Plus tard ce domaine fut réuni à celui de l'État par la loi du 15 mai 1818, et les créations de majorats de propre mouvement cessèrent d'être possibles sans une loi spéciale : ce fut ainsi qu'une loi fut nécessaire à l'érection de celui qui fut accordé en 1819 au duc de Richelieu.

Quant aux majorats sur demande, ils doivent être constitués en immeubles libres de toute charge et hypothèque (art. 1, décret du 1er mars 1808.) Cependant si les immeubles du constituant étaient affectés au paiement d'une rente non exigible, ou de créances non actuellement remboursables ils pourraient entrer dans la formation du majorat « pourvu « que le requérant puisse fournir sur ses autres « biens, une sûreté suffisante pour garantir le ma- « jorat des dites inscriptions. » (Art. 2, décret du 17 mai 1809). Le majorat pouvait être constitué en rentes sur l'État, et en actions de la Banque de France, régulièrement immobilisées. Il pouvait également exister des majorats mixtes, formés pour partie de biens privés, et pour le reste de biens accordés par l'Empereur. Un autre décret du 3 mars 1810 dé-cida qu'une maison d'habitation, hôtel ou château devait être affecté au siége du majorat, dont ce ma-noir devait représenter deux fois le revenu. En ou-tre, ce décret règle le nom que chaque dignitaire peut donner au siége de son majorat, son droit à porter des armoiries, le droit de ses enfants à prendre le titre inférieur dans la hiérarchie nobiliaire, etc.

Chaque titulaire de majorat est vis-à-vis de son fils aîné dans la position d'un grevé de substitution vis-à-vis des appelés. Il y a cependant quelques différences, nées du but politique de l'institution, et que nous allons passer en revue.

Ce n'est pas seulement pour assurer aux appelés, c'est-à-dire aux fils aînés la transmission de la fortune paternelle, c'est pour entourer de splendeur et d'éclat le titulaire, que le majorat est constitué. Pour obtenir ce résultat, plusieurs dispositions ont été édictées : en premier lieu, les revenus des majorats sont incessibles et insaisissables (art. 51, décret 1er mars 1808.) Une exception est faite pour le cas des dettes privilégiées énumérées dans l'art. 2106 du code civil, et dans les n°° 4 et 5 de l'art. 2101; encore est-il vrai que la délégation et la saisie ne sont permis de ces deux derniers chefs qu'autant que les réparations dont le paiement est dû sont du nombre de celles qui incombent à l'usufruitier. Dans tous les cas où elle est permise, la délégation ne peut s'étendre au delà de la moitié des revenus (art. 52, décret de 1808). Si cependant des travaux plus considérables étaient nécessaires, il devrait être statué à la diligence du titulaire, par un décret impérial rendu en conseil d'État, sur l'avis du conseil du sceau des titres.

L'art. 40 du décret, déclare inaliénables les bien

sur lesquels un majorat est constitué. Ce principe a pour conséquence la nullité radicale de toute aliénation, soit à titre onéreux soit à titre gratuit, faite au mépris de cette prohibition. Il en résulte non pas seulement un droit de revendication accordé aux appelés, mais bien même pour le titulaire qui les a consenties, le droit de faire prononcer par le conseil d'État en la forme contentieuse, la nullité de toute vente, donation, constitution d'hypothèque, etc... Le procureur-général près le conseil du sceau des titres peut également la requérir. La nullité dont il s'agit étant d'ordre public est radicale, et cette raison écarte l'application de la maxime *quem de evictione*. Seraient également nuls de plein droit les jugements qui valideraient les actes emportant aliénation présente ou éventuelle des biens majoratisés. Le décret va plus loin, et pour assurer autant que possible l'exécution de cette prohibition, il fait défense à tout notaire de prêter son ministère aux actes dont il s'agit, à tout fonctionnaire de l'enregistrement de les enregistrer, aux tribunaux d'en prononcer la validité (art. 43). Il est interdit également aux agents de change de négocier les inscriptions de rentes immobilisées et les actions de la Banque de France sur lesquelles repose un majorat. En cas de contravention à cette défense, ils sont passibles de la destitution et même s'il y a lieu de peines plus graves, sans préjudice des dommages et intérêts, auxquels ils peuvent être condamnés envers les parties.

Les biens du majorat ne peuvent être frappés par les hypothèques légales ou judiciaires postérieures à la transcription de la demande en érection. Quant aux hypothèques légales antérieures, elles sont valables; mais au cas où elles entraîneraient la réduction du majorat, le titulaire pourrait être tenu d'acquérir d'autres immeubles, en remplacement de ceux qui auraient été ainsi retranchés du majorat.

Quelqu'absolue que soit l'inaliénabilité des biens dont nous parlons, elle n'entraîne pas leur imprescriptibilité; c'est ce qui résulte expressément de l'article 11 du décret du 4 mai 1809, dont nous aurons occasion de reparler plus bas.

Au reste, l'échange des biens majoratisés, ainsi que leur aliénation à charge de remploi, n'est pas absolument impossible; mais il faut que l'autorisation en soit accordée au titulaire par lettre patente du prince, dans les mêmes formes que les lettres d'érection. Les formalités prescrites, tant pour la demande, que pour la délivrance, la publication et la transcription de ces lettres, ainsi que pour le contrat de vente ou d'échange, ou l'acte d'adjudication, le sont à peine de nullité, qui doit être prononcée par le conseil d'État, statuant au contentieux. Dans un délai de six mois, le titulaire doit obtenir des lettres patentes approuvant le projet de remploi qu'il a présenté, et l'effectuer.

Les aliénations à charge de remploi peuvent même être ordonnées par l'Empereur; c'est ainsi qu'il peut prescrire que les biens situés hors du territoire de l'empire, et dont il a formé la dotation d'un titre, soient vendus, pour le prix en être employé à l'acquisition d'immeubles situés en France (art. 54); un décret du 9 mars 1810 fit l'application de cet article, en ordonnant aux ducs, comtes, barons et autres dotés par l'Empereur de biens situés à l'étranger de vendre ces biens pour employer le prix à l'achat de terres situées à l'intérieur, ou de rentes sur l'État et d'actions de la banque de France. Cette conversion devait avoir lieu, pour la première moitié du majorat dans un délai de vingt ans, et pour la seconde dans le cours des vingt années suivantes.

Le titulaire est tenu de payer les impositions et autres charges réelles. Il est également tenu des droits d'enregistrement, de transcription et de mutation réglés par le décret du 24 juin 1808. Le droit de mutation par décès est égal à celui qui serait perçu sur un usufruit transmis en ligne directe; la veuve du titulaire décédé doit y concourir au prorata de la portion du revenu du majorat affecté à sa pension.

Il n'eût pas été convenable que le décès d'un titulaire eût pour effet de faire brusquement passer sa veuve de l'opulence qu'elle partageait aver lui à une position médiocre; c'est dans ce but que l'article 48 du décret lui accorde une pension prise sur les revenus du majorat. La quotité en est variable selon les circonstances; si le majorat est éteint ou transporté hors de la descendance masculine du dernier titulaire, elle sera de la moitié des revenus; elle ne serait que du tiers, si le majorat était recueilli par un descendant mâle, et dans ce dernier cas elle ne serait due qu'autant que la fortune personnelle de la veuve du titulaire ne suffirait pas à lui donner un revenu égal à celui que la pension lui eût donné. Sous peine de déchéance, il lui était interdit de contracter un second mariage sans la permission du souverain (art. 49 décret de 1808.)

Le titulaire doit régler sa jouissance sur celle d'un bon père de famille; il est tenu des charges de la jouissance, et par conséquent des réparations d'entretien ; c'est même, ainsi que nous l'avons vu plus haut, l'un des cas où il lui est permis de déléguer dans certaines limites les revenus du majorat. (Article 50).

Si le titulaire précédent laisse des dettes, pour lesquelles il eût eu la faculté de faire cette délégation, le nouveau titulaire doit les acquitter; mais il

ne peut être obligé pendant les deux premières années de sa jouissance, d'y employer plus du tiers
des revenus. (Art. 50).

Il doit enfin payer, à défaut d'autres biens suffisants, les dettes de la nature de l'art. 2101, laissées
par ses père et mère. Mais ce paiement n'est forcé
que jusqu'à concurrence d'une année de revenu.

Pour éviter que les revenus des majorats ne vinssent à être diminués, une retenue annuelle d'un
dixième était ordonnée par l'art. 6 du décret de
1808, sur le produit des rentes sur l'Etat, et des
actions de la Banque, affectées à un majorat. Cette
retenue devait être chaque année employée à l'acquisition de nouvelles rentes ou d'actions de la
Banque.

Quant aux majorats de propre mouvement,
comme ils sont reversibles à l'Etat en cas d'extinction, une surveillance plus particulière est organisée sur la gestion des titulaires. Les décrets du
1er mars 1808 (art. 76) et du 4 mai 1809 chargent
les agents du domaine, et pour ce qui regarde les
majorats assis sur des forêts distraites du domaine
extraordinaire, les agents de l'administration forestière, de veiller : 1° à ce que, pendant sa vie, le
titulaire jouisse en bon père de famille; 2° à ce
que, le cas échéant, le retour au domaine de l'Etat
s'accomplisse fidèlement et sans retard. Pour ce

qui touche ce dernier point, la même surveillance était imposée au procureur général du sceau des titres, aux procureurs-généraux des cours d'appel, et aux procureurs impériaux des tribunaux de l'Empire.

Les mêmes fonctions étaient, pour les biens situés hors du territoire de l'empire, confiés à des agents conservateurs, institués par le décret du 4 mai 1800. Parmi les devoirs qui leur sont imposés, l'art. 11 en édicte un tout particulier. « S'il « arrivait que des tiers eussent commis quelqu'em-« piétement ou usurpation sur les biens du majorat, « le conservateur en donnera sur le champ avis au « titulaire et à notre procureur général du sceau « des titres ; en cas d'urgence, le conservateur sera « tenu, sans autre autorisation, de faire en son pro-« pre nom, aux frais du titulaire, les actes interrup-« tifs de prescription. » C'est cet article qui empêche, ainsi que nous l'avons remarqué, qu'aucun doute ne s'élève sur la question de savoir si les biens du majorat sont prescriptibles.

Au décès de chaque titulaire, le majorat est recueilli par sa postérité masculine, suivant l'ordre de primogéniture. Lorsqu'il ne reste plus aucun descendant mâle du fondateur, il est éteint, et les biens qui le composent restent libres dans la succession du dernier titulaire. Cependar' celui-ci pourrait

obtenir du souverain des lettres patentes qui trans-
portassent son majorat avec son titre, sur la tête
d'un de ses gendres; ou, s'il n'a pas d'enfants, sur
celle d'un de ses héritiers collatéraux (art. 75);
mais en pareil cas la réserve des héritiers du dernier
titulaire pourrait s'exercer même sur les biens composant le majorat. Si, au contraire, les biens proviennent de la munificence du souverain, l'extinction de la postérité mâle et légitime du premier
titulaire opère la réversion au domaine national.

Aucun titulaire ne peut adopter un enfant dans
les formes édictées par le code civil, ni transmettre
son titre à un enfant qu'il avait adopté avant d'en
être investi, sans en avoir reçu, par lettres patentes,
l'autorisation de l'Empereur. (Art. 36 — décret du
1" mars 1808).

Cette institution opposée aux idées d'égalité de
la nation, devait être accueillie avec défaveur; elle
marquait un retour fâcheux dans la voie des priviléges en créant une loi civile particulière, applicable
à une certaine classe de personnes, et l'on pouvait
redouter que ce pas ne fût pas le dernier. Ce fut
pour calmer ces appréhensions que l'Empereur
crut devoir insérer dans son décret du 1" mars
1808 la déclaration suivante : « Conformément à
« l'art. 6 du sénatus-consulte du 14 août 1805, les
« propriétés possédées en majorat n'auront et ne

« conféreront à ceux en faveur desquels ils seront
« érigés, aucun privilége, relativement à nos autres
« sujets et à leurs propriétés. En conséquence, les
« titulaires demeureront soumis aux lois civiles et
« criminelles, et à toutes les lois qui régissent nos
« états, en tant qu'il n'y est point dérogé par ces
« présentes ; ils supporteront les contributions
« personnelles mobilières, immobilières, directes
« et indirectes dans la même proportion que les
« autres citoyens. »

, Tels sont les principaux traits du système créé
par Napoléon. Comme on le pense bien, ces lois
qui renfermaient tout ensemble et les majorats et
l'existence légale rendue à la noblesse, étaient trop
conformes aux idées aristocratiques des conseillers
de la restauration, pour que ce gouvernement ne
les conservât point soigneusement. La Charte de
1814, en rendant à l'ancienne noblesse ses titres,
confirme la nouvelle dans ceux qu'elle avait ob-
tenus du gouvernement déchu. (Art. 71). En même
temps : « La nomination des pairs de France ap-
« partient au roi. Leur nombre est illimité ; il peut
« en varier les dignités, les nommer à vie ou les
« rendre héréditaires, selon sa volonté. » (Article 27). Cependant les hommes politiques qui
avaient étudié la constitution anglaise et qui cherchaient à acclimater en France le jeu régulier de

ses libres institutions, voulaient que la pairie devînt non pas un conseil muet, complaisant et docile comme le sénat du premier empire, mais une véritable chambre haute, une aristocratie indépendante et influente, un corps politique également capable de résister aux empiètements possibles de la royauté, et aux entraînements populaires. Une ordonnance du 19 août 1815 rendit la pairie héréditaire sans distinction; en outre elle portait qu'au titre de pair serait toujours à l'avenir joint tel titre de noblesse qu'il plairait au roi d'y attacher.

L'ordonnance des 25 août, 4 septembre 1817, va plus loin ; aux avantages de l'hérédité, à ceux de la noblesse, elle veut joindre à l'avenir ceux d'une fortune assurée. « Nous avons reconnu, y est-il dit
« dans le préambule, que l'institution de la pairie
« héréditaire rendait nécessaire l'établissement des
« majorats autorisés par les lois du royaume dans
« les familles honorées de cette dignité, afin d'as-
« surer à perpétuité, à ceux qui seront successive-
« ment revêtus de la pairie, les moyens de la sou-
« tenir convenablement, comme il appartient aux
« membres du premier corps de l'État. A ces
« causes, nous avons résolu de n'appeler doréna-
« vant à la dignité de pair de France que ceux
« qui auront préalablement institué dans leur fa-
« mille un majorat qui puisse devenir la dotation

« héréditaire de leur titre, ne doutant pas d'ailleurs
« que les pairs actuels ne s'empressent, ainsi que
« nous les y invitons, pour le plus grand avantage
« de l'Etat, de la pairie et de notre service, à
« former de semblables majorats toutes les fois que
« la disponibilité et la situation des biens le com-
« porteront. » Suit l'article qui dispose qu'à l'a-
venir, à l'exception des ecclésiastiques, la dignité
de pair de France ne sera conférée qu'à ceux qui
auront préalablement obtenu l'autorisation de constituer un majorat. Les majorats affectés à la pairie
se divisent en trois classes : 1° ceux qui sont attachés
au titre de duc et qui doivent produire au moins
trente mille francs de revenus; 2° ceux attachés au
titre de marquis et de comte, qui doivent en produire au moins vingt mille; 3° enfin ceux attachés
au titre de vicomte ou de baron et qui doivent être
d'au moins dix mille. (Art. 2). Le majorat est trans
missible héréditairement par ordre de primogéniture comme la pairie dont il ne doit jamais être
séparé. (Art. 3).

Du reste, l'application de cette ordonnance fut
plusieurs fois suspendue; on sait que, pour vaincre
certaines résistances de la chambre des pairs, et
pour y changer la majorité, le gouvernement usa à
plusieurs reprises du droit d'y introduire à la fois
un grand nombre de pairs nouveaux; c'est ainsi

qu'en 1819 soixante pairs entrèrent à la chambre. Comme on le pense bien, il n'eût pas été facile de trouver à un jour donné, suivant les besoins du moment, soixante personnes ayant à la fois la volonté et le pouvoir de constituer un majorat; c'est pourquoi une ordonnance en date du 5 avril 1810 affranchit de cette obligation les pairs ainsi nommés; mais en même temps elle décide que leur dignité ne passera à leur descendance qu'autant qu'ils auront satisfait postérieurement au vœu de l'ordonnance de 1817 par l'érection d'un majorat. La même faveur fut accordée le 21 novembre de la même année à huit autres pairs. Enfin, sous le règne de Charles X, en 1827, toujours pour user avec plus de facilité de ce déplorable expédient politique, soixante-seize nouveaux pairs furent créés et dispensés de la constitution préalable d'un majorat.

L'année 1830 vit triompher les adversaires de la restauration. Tout ce qui tenait de plus ou moins près aux traditions aristocratiques, à la constitution de la noblesse tomba dans un complet discrédit. La charte nouvelle avait respecté les titres de noblesse, il est vrai; mais bientôt le Code pénal révisé rejeta les pénalités prononcées contre l'usurpation des titres. Quant aux majorats, leur suppression avait été proposée à la chambre des députés par M. Joubert dès le mois d'août 1831; un rude coup leur avait été porté par la loi du 29 septembre 1831, qui abolit l'hérédité de la pairie ; à partir de ce moment, ils avaient perdu leur principal intérêt ; mais ce ne fut que le 12 mai 1835 que l'abolition en fut prononcée. Nous reviendrons plus loin sur cette loi.

La restauration s'était accomplie en promettant à la France, ce qui lui avait tant fait défaut sous le régime précédent, la liberté et la paix. Malheureusement le gouvernement, surtout depuis l'avènement de Charles X, trop effrayé des résistances légales qu'il rencontrait, donna trop de crédit aux conseils d'amis imprudents qui le menèrent à sa perte. La mésintelligence qui régnait entre le ministère et le parti libéral et constitutionnel, donnait beau jeu aux progrès de la démocratie ; le pouvoir s'en épouvanta et chercha à opposer, par des lois nouvelles, une barrière à ce flot qui menaçait de tout emporter. Le discours prononcé par le roi, le 31 Janvier 1826, à l'ouverture de la session parlementaire, contenait le passage suivant : « La législation doit pourvoir par des améliorations successives, à tous les besoins de la société. Le morcellement progressif de la propriété foncière, essentiellement contraire au principe monarchique, affaiblirait les garanties que la Charte donne à mon trône et à mes sujets. Des moyens vous seront proposés, Messieurs, pour rétablir l'accord qui doit exister entre la loi politique et la loi civile, et pour conserver le patrimoine des familles, sans restreindre cependant la liberté de disposer de ses biens. »

Ce que le gouvernement avait le projet de créer, c'était la concentration aristocratique de la propriété immobilière; et les moyens qu'il se proposait de mettre en œuvre étaient l'inégalité des partages, le droit d'aînese, et le rétablissement des substitutions. En effet, le 10 février, le projet de loi suivant fut présenté à la chambre des pairs par M. de Peyronnet, alors garde des sceaux :

« Art. 1ᵉʳ — Dans toute succession déférée à la ligne descendante et payant 300 francs d'impôt foncier, si le défunt n'a pas disposé de la quotité disponible, cette quotité sera attribuée, à titre de préciput légal, au premier né des enfants mâles du propriétaire décédé.

Si le défunt a disposé d'une partie de la quotité disponible, le préciput légal se composera de cette quotité dont il n'aura pas disposé.

Le préciput légal sera prélevé sur les immeubles de la succession, et en cas d'insuffisance, sur les biens meubles.

Art. 2. — Les dispositions des deux premiers paragraphes de l'article qui précède cesseront d'avoir leur effet lorsque le défunt en aura formellement exprimé la volonté par actes entre vifs ou par testament.

Art. 3. — Les biens dont il est permis de disposer, aux termes des art. 913, 915 et 916 du code civil, pourront être donnés en tout ou en partie, par acte entre vifs ou testamentaire, avec la charge de les rendre à un ou plusieurs enfants du donataire, nés ou à naître, jusqu'au deuxième degré inclusivement. »

Cette proposition excita de toute part la plus vive émotion; une foule de pétitions, signées par les pères de famille et les aînés qu'on voulait transformer en privilégiés, furent adressées à la chambre des pairs; tous les hommes pratiques sans distinction de partis, s'effrayaient d'une loi qui rompait l'égalité civile, pour lui substituer d'odieux privilèges, et qui créait deux lois successorales, selon l'importance et la nature des successions. Dix séances de la chambre des pairs furent consacrées à cette discussion. A la raison d'Etat invoquée par les partisans de la loi proposée, on opposait victorieusement les règles éternelles de la justice et du droit naturel.

En faveur du droit d'aînesse M. le baron de Montalembert invoquait l'exemple de l'Angleterre, l'intérêt de la monarchie et de la liberté : « Si la centralisation n'existe point en Angleterre, disait-il, c'est parce qu'il y a de grandes fortunes territoriales, de grandes influences locales qui se perpétuent de famille en famille. Aussi ce pays se trouve-t-il administré gratuitement et sans bruit par la classe riche,

tandis que la France est réduite à la déplorable nécessité d'entretenir cette armée de petits fonction-
naires salariés qui désolent ses provinces et rendent
son administration intérieure la plus dispendieuse
et la plus vexatoire de toutes celles qui régissent
l'Europe. Mais non seulement la centralisation et le
pouvoir arbitraire trouvent un appui dans la législation actuelle sur la transmission des propriétés foncières, mais encore ces lois sont favorables à la servitude. Ne serait-ce point en effet un excellent conseil à donner à un prince absolu que de lui dire:
Encouragez le morcellement illimité du sol, détrui-
sez toutes les grandes fortunes territoriales, ayez
soin qu'il n'y ait de notabilités-politiques entre votre
trône et votre peuple que celles qui se rattachent aux
dignités de votre cour et qui sont révocables à votre
gré: car c'est dans les sommités indépendantes de
la grande propriété foncière que pourraient encore
se retrancher quelques ennemis de l'arbitraire,
quelques défenseurs des garanties nationales. »
(*Moniteur* du 1ᵉʳ avril 1826).

Parmi les soutiens de l'égalité des partages se leva
M. le comte Molé, qui replaça la discussion sur son
véritable terrain: « De tous les priviléges, disait-il
dans la séance du 28 mars, le droit d'aînesse est
celui qui blesse le plus la justice distributive. Il
établit entre les frères une sorte de loterie, et donne

au hasard de la naissance ce que le code civil conférait au discernement paternel. Il introduit le privilége dans notre droit civil, dans notre constitution
domestique; et loin de réparer les torts ou les mal-
heurs de la révolution, il anéantit tout ce qu'elle eut
de pur dans son principe.

« Ajoutons que ce qui rend surtout un privilége
odieux, insupportable, c'est que chacun, selon son
mérite et sa capacité, ne puisse l'obtenir à son tour :
et tel est le privilége dont il s'agit. Les vertus et les
talents peuvent faire un pair de France; ils ne peuvent faire un aîné. Vainement s'appuierait-on ici
sur l'exemple de l'Angleterre; sa révolution n'a de
commun avec la nôtre que la réforme politique et
un grand crime. Ses lois, ses coutumes, son droit
civil et criminel n'ont point changé; l'état de sa
famille est resté le même. Quand le droit d'aînesse
est ainsi devenu l'une des bases de la société civile
et politique, sans doute on ne pourrait le supprimer
sans bouleverser l'Etat; mais la France, qui a subi le
bouleversement, qui n'est arrivée à la charte qu'a-
près tant de bouleversements, perdra-t-elle le fruit
de ses épreuves et de ses douleurs ? Depuis trente
ans elle aspire à cette justice distributive, à cette
égalité de droits qu'enfin la charte a consacrées, et
voilà qu'à l'aide d'un article de loi on glisse dans
nos codes un principe dont les conséquences inévita-

bles seraient tous les privilèges qu'on voudrait rétablir. Que répondre, en effet, à ceux qui, après avoir
rétabli, dans l'ordre civil, l'exercice du droit d'aînesse, prétendraient aussi le rétablir dans l'ordre
politique ? »

M. le baron Pasquier refusait d'admettre que
le droit d'aînesse fût le meilleur remède que
l'on pût opposer au morcellement des terres, et à
l'omnipotence administrative. « Peut-être, disait-
il, à côté de la pairie pourrait-on placer d'autres
aristocraties qui ne laisseraient pas d'avoir une
haute importance : la magistrature agrandie et rendue plus stable, l'indépendance des conseils généraux et municipaux assurée, leur participation aux
affaires du pays rendue plus efficace, fixeraient les
riches propriétaires dans leurs provinces, leur
créeraient une existence honorable, les attacheraient
à leur propriété, et par là même, seraient peut-
être un moyen plus efficace que tout autre d'en
arrêter le morcellement. » (*Moniteur du 31 mars*).
M. le comte Siméon, invoquant à son tour des
arguments plus juridiques, disait : «....... La succession testamentaire n'est qu'une exception à la
succession légitime ; c'est au propriétaire des biens,
à choisir entre ces deux successions; et lorsqu'il
s'abstient, il indique suffisamment qu'il s'en tient à
l'ordre commun. La loi n'a pas le droit de faire

pour lui un autre choix. Comment donc veut-on faire aujourd'hui du droit commun l'exception, et faire résulter du silence l'inégalité qui ne peut être la suite que d'une volonté expresse ? Ce renversement blesse à la fois et le droit des enfants qui est l'égalité, et celui des pères qui est la liberté absolue de disposer ou de ne pas disposer. Comment la loi forcerait-elle plutôt le père à disposer par testament que par acte entre vifs ? Si elle ne peut faire pour lui une donation entre vifs, comment ferait-elle une donation à cause de mort ? Qu'est-ce d'ailleurs qu'une loi dont on permet aux parents de se jouer à leur gré ? On veut corriger les mœurs, et on laisse aux mœurs la faculté de repousser l'inégalité qu'on veut y introduire. Si la loi est bonne, elle doit être absolue; si on en reconnaît l'injustice, au lieu de laisser aux parents le droit d'en affranchir leur famille, il est bien plus simple de ne pas la faire. »

Dans le cours de la discussion, le droit d'aînesse, on peut le dire, servit de bouclier aux substitutions, ce fut contre lui que furent dirigées les plus vives attaques. La chambre des pairs repoussa les deux premiers articles; mais le troisième, relatif aux substitutions, fut adopté. Il le fut aussi à la chambre des députés, après une vive discussion à laquelle prirent part M. de Martignac et Benjamin Constant.

Les substitutions furent donc rétablies à peu près comme sous l'ordonnance de Louis XV. Ce n'était plus comme sous le Code, aux seuls père et mère, frères et sœurs sans enfants qu'il était loisible de substituer; c'était à toute personne, pourvu qu'elle ne disposât point de la réserve. Les substitutions pouvaient être établies au profit d'un seul ou de quelques-uns des descendants du grevé, et pouvaient également s'étendre à deux degrés, l'institution non comprise. Mais comme sous le Code les appelés devaient toujours être descendants en ligne directe du grevé, et cette restriction était la principale différence qui distinguât la nouvelle loi de l'ancienne ordonnance. Heureusement cette législation rétrograde était destinée à succomber à son tour.

Nous avons annoncé déjà qu'à la suite de la révolution de juillet de vives attaques plusieurs fois réitérées avaient ébranlé le système des majorats qui fut enfin détruit par la loi du 12 mai 1835, rendue sur la proposition de M. Parant de la Moselle. La chambre des députés eût voulu du même coup abolir les substitutions; mais la chambre des pairs s'y refusa. « Nous prohibons les majorats, dit à cette chambre le rapporteur, M. le comte Siméon, parcequ'ils étaient un privilége qu'il fallait solliciter et obtenir, et auquel chacun ne pouvait pas parvenir. Il fallait non seulement une certaine ri-

chesse : les impétrants étaient soumis à une appréciation arbitraire que l'on faisait de leur existence
sociale et politique. Les substitutions n'ont aucun
de ces vices. » Les majorats seuls furent donc supprimés.

Au reste, la loi pleine de respect pour les droits
acquis et même pour les légitimes espérances sous
la foi desquelles des alliances avaient pu être
contractées, se bornait à interdire à l'avenir l'érection de nouveaux majorats (art. 1), et à supprimer
par voie d'extinction ceux qui existaient alors. C'est
ce qui fait l'objet des art. 2 et 3 : « Art. 2. — Les
« majorats fondés jusqu'à ce jour avec des biens
« particuliers ne pourront s'étendre au-delà de
« deux degrés, l'institution non comprise. — Art.
« 3.—Le fondateur d'un majorat pourra le révoquer
« en tout ou en partie, ou en modifier les condi-
« tions. Néanmoins, il ne pourra exercer cette facul-
« té s'il existe un appelé qui ait contracté, antérieu-
« rement à la présente loi, un mariage non dissous
« ou dont il soit resté des enfants. En ce cas, le
« majorat aura son effet restreint à deux degrés,
« ainsi qu'il est dit dans l'article précédent.

Quant aux majorats de propre mouvement, la loi
les laisse subsister dans les conditions de leur création : en effet, les déclarer éteints après deux restitutions, c'était en attribuer la propriété incommu-

table au troisième titulaire, au grand détriment de l'État, qui n'avait concédé qu'une propriété résoluble en sa faveur; d'un autre côté, déclarer ce droit de retour ouvert à son profit, c'était frustrer les espérances des familles; il était d'ailleurs indigne de la nation de reprendre des biens qui avaient été la récompense du sang versé pour elle ou d'illustres services.

En 1849, on voulut aller plus loin, et deux propositions furent faites à l'Assemblée législative, l'une par M. Parieu, l'autre par M. Flocon, qui toutes deux tendaient à une abolition à peu près immédiate des majorats, de biens particuliers. Le premier demandait, en outre, l'abrogation de la loi de 1826 et l'abolition des substitutions. La commission, ne pensa pas qu'il fût juste ni prudent, de compromettre par une mesure trop prompte les droits des appelés existants au moment de la promulgation de la loi. Cet avis prévalut, et la loi du 11 mai 1849 consacra les dispositions suivantes :

« Art. 1.—Les majorats de biens particuliers qui
« auront été transmis à deux degrés successifs, à
« partir du premier titulaire sont abolis. Les biens
« composant ces majorats demeurent libres entre
« les mains de ceux qui en ont été investis. — Ar-
« ticle 2.—Pour l'avenir, la transmission, limitée à
« deux degrés, à partir du premier titulaire, n'aura

« lieu qu'en faveur des appelés déjà nés ou conçus
« lors de la promulgation de la présente loi. S'il
« n'existe point d'appelés à cette époque, ou si ceux
« qui existaient décèdent avant l'ouverture de leurs
« droits, les biens des majorats deviendront immé-
« diatement libres entre les mains du possesseur. »

Cette abrogation ne s'applique, du reste, qu'aux majorats constitués en biens particuliers; quant aux majorats de propre mouvement, les mêmes raisons qui, en 1835, les avaient fait respecter, empêchèrent en 1840 qu'on y portât atteinte; ils restent donc abandonnés à leurs propres chances d'extinction.

Quant aux substitutions, la nouvelle loi abrogeant celle de 1826, rétablit purement et simplement le système du Code. Les grevés de substitutions deviennent propriétaires incommutables des biens substitués, à moins qu'ils ne se trouvent au moment de la promulgation de la loi des appelés nés ou conçus, auquel cas les substitutions restent valables en leur faveur, et par là même au profit des appelés au même degré qui pourraient naître postérieurement à la loi. « Si, par exemple, disait à l'Assemblée le rapporteur de la commission, la substitution avait été faite au profit des enfants mâles du grevé, et que, lors de la promulgation de la loi actuelle un seul enfant mâle fût conçu, on devrait faire venir en concurrence avec celui-ci tous les autres enfants mâles qui survivraient à leur père. Ne pas admettre ce résultat, ce serait marcher en sens inverse du but que l'on veut atteindre, puisque, dans le cas dont il s'agit, on aggraverait encore l'inégalité résultant du titre entre les enfants du même grevé, ce qui est inadmissible. » Ce principe d'équité a dicté le second alinéa de l'art. 9, ainsi conçu : « Lorsqu'une « substitution sera recueillie par un ou plusieurs des « appelés, dont il vient d'être parlé, elle profitera « à tous les autres appelés du même degré, ou à « leurs représentants, quelle que soit l'époque où « leur existence aura commencé. »

Les dispositions de cette loi ont été tout récemment étendues par un décret du 22 août 1860 à la Savoie et au comté de Nice, où les lois sardes autorisaient les substitutions. Telle est sur cette matière la dernière disposition législative; espérons qu'après tant de traverses et de changements, notre législation est enfin fixée sur un point qui intéresse à un si haut degré, la sécurité du commerce, l'intérêt de l'État et celui des familles.

Tout récemment, une pétition vient d'être présentée au Sénat, pour demander que les descendants des nobles créés par Napoléon, pussent à l'avenir porter le titre de leur aïeul, encore bien que celui-ci n'ait point constitué de majorat, de sorte que la noblesse impériale ne soit pas moins favorablement traitée que l'ancienne noblesse.

Tel est le résumé succinct de l'histoire des substitutions.

Si l'on a pu jadis hésiter à la pensée de les détruire, il serait fâcheux de les relever aujourd'hui qu'elles ne sont plus guère qu'un souvenir.

Sans parler des Etats généraux qui élevèrent souvent des réclamations contre les abus auxquels elles donnaient lieu, les substitutions étaient depuis longtemps l'objet de vives attaques. « Plus d'un jurisconsulte de la trempe d'Alciat et des Ménochius, dit à ce sujet M. Troplong, avaient déclaré les substitutions odieuses, embarrassantes, et *non satis reipublicæ expedientes*. Le cardinal Mantica compte douze raisons pour leur imprimer ce caractère, et un si grand nombre de docteurs à l'appui, que la liste en est interminable. Cependant il ne partage pas leur avis, et il leur oppose douze raisons contraires, soutenues d'une phalange de docteurs non moins formidable. »

Le commentateur de la coutume du Nivernais, Coquille, blâmait : « Que les hommes se parforçassent tant à éterniser leurs maisons, que Dieu aussi bien ne laisse pas de ruiner quand les biens sont mal acquis. » Il était frappé du mal qui pouvait résulter de ce que « la propriété des choses demeurât toujours incertaine et en suspens; car celui qui a une chevance substituée n'est pas maître et seigneur de son bien. » D'un autre côté, il remarquait combien cette institution pouvait procurer un crédit mensonger au grevé, et il en accusait les substitutions «dont l'événement faisait souvent l'hérédité coquine de celui que l'on pensait être bien riche. »

La même controverse partage les philosophes ; Montaigne s'en exprime ainsi : « Nous prenons un peu trop à cœur ces substitutions masculines, et proposons une éternité ridicule à nos noms. » (Liv. II, chap. 8). En revanche, les substitutions ont pour elles l'imposante autorité de Montesquieu : « Les substitutions sont utiles dans le gouvernement monarchique, dit-il, quoiqu'elles ne conviennent pas dans les autres; que bien qu'elles gênent le commerce, ce sont des inconvénients particuliers à la noblesse, qui disparaissent devant l'utilité générale qu'elles procurent. » D'Aguesseau cependant, qui ne saurait être accusé, à coup-sûr, de tendances révolutionnaires, ne partageait pas cette opinion ; nous ne saurions mieux finir l'exposé de cette controverse qu'en citant les sages paroles qu'il écrivait à ce sujet, dix-sept ans avant la promulgation de son ordonnance. « L'abrogation entière de tous les fidéicommis serait peut-être, comme vous le pensez, la meilleure de toutes les lois; et il pourrait y avoir des lois plus simples pour conserver dans les grandes maisons, ce qui suffirait à en soutenir l'éclat. Mais j'ai peur que, pour y parvenir, surtout dans les pays de droit écrit, il ne fallût commencer par réformer les têtes, et ce serait l'entreprise d'une tête qui aurait elle-même besoin de réforme. C'est en vérité un grand malheur qu'il faille que la vanité des hommes domine sur les lois mêmes. »

POSITIONS.

DROIT ROMAIN.

I. L'esclave faisant partie d'une substitution fidéi-commissaire peut être valablement affranchi par le grevé.

II. L'appelé qui a consenti à l'aliénation de la chose substituée conserve le droit d'en répéter le prix lors de l'ouverture du fidéicommis.

III. Si l'on se demande si l'aliénation faite par le grevé des biens substitués, donne immédiatement ouverture à la revendication des appelés, il n'y a pas lieu de distinguer si cette aliénation a été volontaire de la part du grevé, ou si elle n'a eu lieu que sur les poursuites de ses créanciers.

IV. Lorsque l'appelé se trouve en même temps héritier du grevé, il n'en a pas moins le droit de revendiquer les biens mal à propos aliénés par celui-ci, sans qu'on puisse le repousser par application de la maxime *quem de evictione*, etc.

V. Si une substitution a été mise par un testateur

non militaire à la charge de son héritier, la défaillance ou la renonciation de celui-ci entraîne l'extinction de la substitution.

VI. On ne saurait sans témérité inférer de la
novelle 150, que Justinien ait limité les substitutions, jusqu'alors perpétuelles, à quatre degrés de
restitution.

DROIT CIVIL FRANÇAIS.

I. Bien qu'établies par donation entre-vifs, les
substitutions fidéicommissaires conservent leur
nature propre, qui est testamentaire.

II. Antérieurement aux ordonnances de 1731 et
1747, le concours des volontés du disposant et du
grevé pouvait annuler la substitution établie par
donation entre vifs, au préjudice du substitué qui
n'avait pas été partie au contrat.

III. Sous l'empire de l'ordonnance de 1747, l'appelé ne peut attaquer que par voie de requête civile les jugements en dernier ressort et arrêts contradictoirement rendus contre le grevé.

IV. Le legs *de eo quod supererit* ne constitue pas
la substitution prohibée par le Code civil.

V. Il n'y a, dans le système du Code civil, substitution prohibée, que lorsque la charge de rendre est différée jusqu'à la mort du grevé.

VI. La donation d'une chose avec charge d'en rendre une autre, n'est pas une substitution prohibée.

VII. Il n'y a pas substitution prohibée quand le donateur stipule un droit de retour sur la chose donnée pour lui-même et pour ses héritiers.

VIII. L'art. 951 du Code civil autorise implicitement l'établissement d'une certaine substitution fidéicommissaire.

IX. Les biens substitués sont prescriptibles, *pendente conditione*, au préjudice des appelés.

X. Les biens majoratisés pouvaient également être prescrits.

XI. Bien qu'héritier du grevé, l'appelé peut, sous l'empire du code civil, comme il le pouvait sous celui de l'ordonnance de 1747, revendiquer les biens mal à propos aliénés par celui-ci.

DROIT PÉNAL.

I. L'art. 317 du code pénal ne punit pas la tentative d'avortement exercée sur une femme par des tiers.

II. Lorsqu'un homme poursuivi devant la cour d'assises pour répondre à une accusation de meurtre, a été acquitté, il ne peut être traduit devant un tribunal de police correctionnelle sous l'inculpation d'homicide par imprudence, maladresse ou inobservation des règlements.

DROIT PUBLIC ET ADMINISTRATIF.

I. Les forêts domaniales, même celles dont l'étendue est égale ou supérieure à quinze mille ares, sont prescriptibles d'après les règles du droit commun.

II. Les maisons ou héritages adjacents aux rues établies sur le territoire des communes, jouissent sur ces rues d'un véritable droit de servitude réelle, que l'autorité ne saurait supprimer sans être tenue d'indemniser les propriétaires desdits héritages.

III. Les chemins ruraux font partie du domaine public.

DROIT DES GENS.

I. La qualité d'étranger est incompatible avec l'exercice de la profession d'avocat, telle qu'elle est constituée par les lois et règlements, et par l'usage des barreaux français.

HISTOIRE DU DROIT PUBLIC.

1. C'est à tort qu'on a cherché à rattacher l'origine de la noblesse française aux institutions celtiques.

II. La notion du gouvernement représentatif en France se retrouve à travers les âges, et la tradition peut en remonter jusqu'aux temps de la domination romaine.

Vu par le Président de la Thèse,
VUATRIN.

Vu par le Doyen de la Faculté,
C. A. PELLAT.

Permis d'imprimer.
Le Vice-Recteur,
ARTAUD.

TABLE DES MATIÈRES.

BIBLIOTHÈQUE IMPÉRIALE

Contraste insuffisant

NF Z 43-120-14

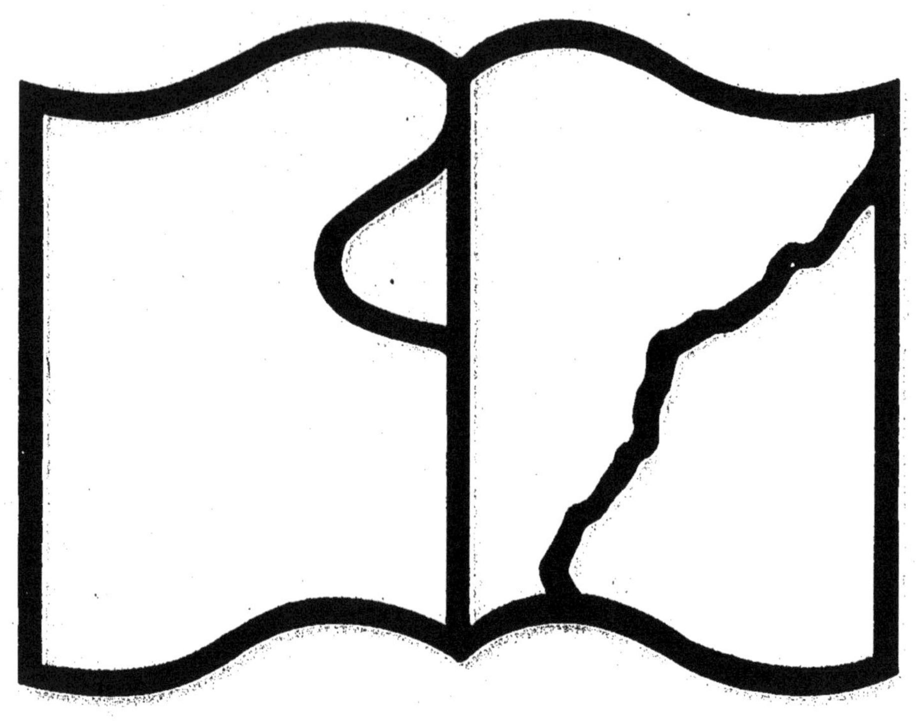

Texte détérioré — reliure défectueuse

NF Z 43-120-11

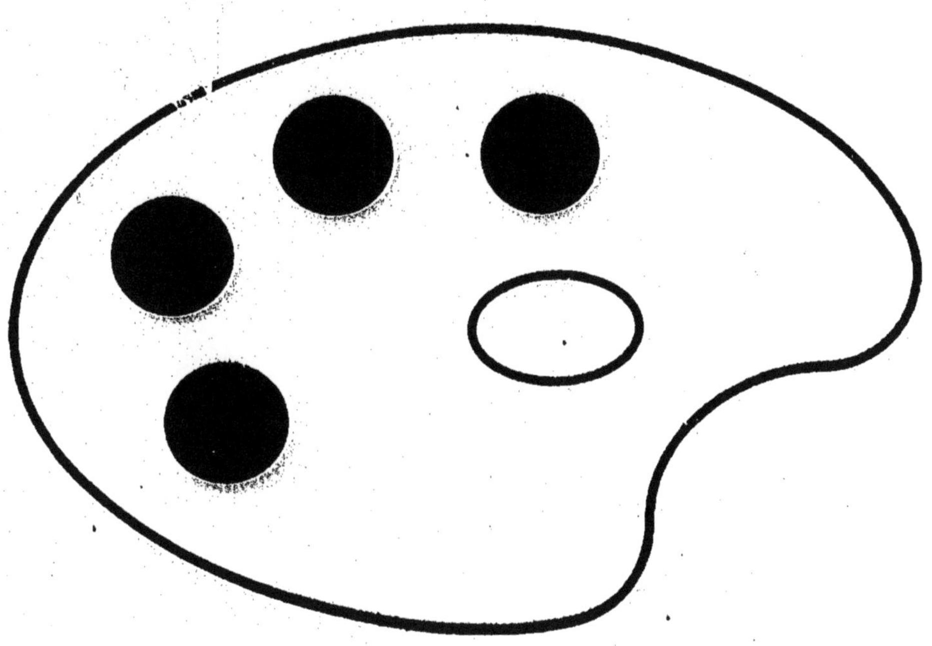

Original en couleur
NF Z 43-120-8

www.ingramcontent.com/pod-product-compliance
Ingram Content Group UK Ltd.
Pitfield, Milton Keynes, MK11 3LW, UK
UKHW021918070726
13614UKWH00001B/103